基 础 汉 语（一）

Basic Mandarin A

Shirley K. Sy

authorHOUSE®

AuthorHouse™
1663 Liberty Drive
Bloomington, IN 47403
www.authorhouse.com
Phone: 1-800-839-8640

Published by AuthorHouse   02/05/2015

ISBN: 978-1-4969-5499-2 (sc)
ISBN: 978-1-4969-5498-5 (e)

Library of Congress Control Number: 2014921145

PREFACE

Basic Mandarin A is a Chinese language introductory course designed for adult learners with no background in Chinese language in the conventional classroom set-up. This course emphasizes and focuses more on oral skills and aural comprehension that serves as the gateway to day-to-day Chinese conversation.

Beginners can start the learning of Chinese by throwing away some ideas which they have acquired about other languages thus are able to find room for some new ideas like, 'particles' 'measure words' and a series of 'word orders' which are just like formulae where they can fit in their vocabulary. None of these is very frightening actually as long as students are willing to spend about an hour a day reviewing and previewing the lessons.

This book consists of 16 lessons and 4 Review lessons. Dialogues are student-based and the lessons build on one another thus learners are able to relay to the virtual conversation that will help increase their language skills gradually and enable them to carry simple conversation with confidence.

Although the emphasis of this book is on oral skill, recognition of Chinese characters is highly encouraged as they lay the foundation for further studies of the language. Chinese character writing is also introduced in this book but only in very limited scope, this is purposely done so that beginners will not be overly burdened and feel intimidated therefore lose the interest of learning the language altogether. When basic strokes order has been mastered, writing becomes easy.

To help learners pronounce the words and sentences correctly, please download the audio file from this link: https://bit.ly/ZXm5TB. Listening and repeating after the speaker will enable learners to overcome the difficulty of learning a tonal language like Mandarin and therefore making learning Mandarin an enjoyable experience.

INTRODUCTION

Chinese spoken language is one of the world's oldest languages. In spite of its great age, it is one of the most widely used living languages and is one of the official languages used in the United Nations.

The Chinese that is taught in this textbook is known by its official designation as *Putonghua*, literally means "common speech". *Putonghua* uses the dialect of Beijing as the basis for its pronunciation and modern vernacular literature for its grammatical structure. Another term commonly used for Chinese language is "Hanyu", which refers to the language of the Han peoples, the major ethnic group that constitutes 94% of the population of China including both the People's Republic of China and Taiwan.

"Hanyu" is a language family, perhaps something like the idea of "Latinate". The languages of the "Hans" include variants from seven main dialect groups: Mandarin, Wu, Min, Kejia, Hui, Yue, and Gan. Kejia is also known as Hakka, Min is also called Hokkien, and Yue is commonly known as Cantonese. These languages are related in that they use basically the same system of writing (characters) and that they derive basically from a similar linguistic source. However, their pronunciations and grammars are usually mutually exclusive, and usually mutually incomprehensible. Besides a core vocabulary and sounds, Chinese and most related languages share features that distinguish them from most Western languages: they are monosyllabic, have little inflection, and are tonal. In order to indicate differences in meaning between spoken words similar in sound, a distinctive relative pitch-high or low or a distinctive pitch contour-level, rising, or falling tones are assigned.

In Modern Chinese, a syllable constitutes a phonetic unit and usually stands as a word with the meaning expressed by a Chinese character. A Chinese syllable is composed of three parts: an initial, a final and a tone. Take mā for example, "m" is the initial, "a" is the final, "--" is the tone and the meaning is expressed by the character "妈" (mother).

There are 21 initials in Chinese and 12 of them have almost the same pronunciation with English.

- A. Labial
  - b - It is an unaspirated , voiceless, no vibration bilabial sound. Like a Hispanic "p".
  - p - aspirated sound
  - m - like the "m" in may
  - f - like the "f" in fun

- B. Alveolar
  - d - It is an unaspirated, voiceless, no vibration alveolar sound. Like a Hispanic 't"
  - t - aspirated sound
  - n - like the "n" in name
  - l - like the "l" in lay

- C. Velar
  - g - like the Hispanic "c" when combined with "u, ai, ao, an, ang, ua, ui, uai, uan, uang"
  - k - aspirated sound
  - h - like the "h" in high

- D. Palatal
  - j The tip of your tongue against the back of your teeth, then allow air to come out by pushing tongue away from teeth;
  - q More pressure and air coming out than j;
  - x Tongue does not touch the back of the teeth to allow air passage.

- E. Blade-alveolar
  - z When pronouncing, put the tip of the tongue against the back of the upper alveolar ridge and the tip of the tongue moves part to let out the air stream.
  - c Same as "z" but aspirated
  - s like the "s" in say

F. Blade-palatal

zh When pronouncing, keep the position of the tongue in the oral cavity a little more backward than that of "z" or "c", with the tip of the tongue turned up and touching the foremost part of the hard palate while slightly releasing air.

ch Tongue position same as "z" but releases more air.

sh Tongue position same as "zh" and "ch" but releases air without touching the foremost part of the hard palate.

G. Retroflex finals

r Tongue should be in the position of "e", then slightly curl up the tip of the tongue, vibration of the vocal cords is needed when releasing air.

There are 38 final sounds, except for the simple final "e" sound, the "ü" sound, and the "-i" sound which are discussed in the lesson, the rest of the final sounds are similar to those of the English alphabets.

Chinese Characters and Simplified Script

The Chinese language does not have an alphabet. Each word is represented by a character, which may be composed of just one stroke or as many as several dozen. To represent Chinese sounds for those who do not read characters, various systems of Romanization have been devised. You will learn *pinyin*, the standard system of pronunciation used in China and the one most commonly used in the United States

Chinese characters are monosyllabic, and generally each character represents a single morpheme. The total number of Chinese characters is estimated at over fifty thousand, of which only five to eight thousand are frequently used, while three thousand five hundred are normally adequate for everyday situations.

When writing Chinese characters, they should be contained in an imaginary box, and in proportion to other characters with which they appear. Every character is given exactly the same amount of space, no matter how many strokes it contains and the characters which make up multi-syllable words are not grouped together, so when reading Chinese, you not only have to work out what the characters mean and how to pronounce them, but also which characters belong together.

A considerable number of Chinese characters are composed of numerous strokes and are therefore complicated to write. In order to facilitate writing, modern scholars have made continuous attempts to simplify the writing system by eliminating complex variants and reduce the number of strokes in certain characters. What are known as "simplified characters" refer to graphs that have been thus altered; traditional characters on the other hand, are those that retain their earlier forms.

The use of simplified characters is now official policy in the People's Republic of China, it is also used in Singapore but the older traditional characters are still used in Taiwan, Hong Kong, Macau and Malaysia. Simplified characters have the advantages of being easier to learn; about 2,000 characters have been simplified in a number of different ways.

Below are basic strokes of Chinese characters. There are certain rules to follow when writing Chinese characters to ensure speed, accuracy, and eligibility in composition.

Basic Strokes of Chinese characters:

1.) 点 diǎn (丶) ex. 六 主 江
2.) 横 héng (一) ex. 二 十 不
3.) 竖 shù (丨) ex. 中 下 忙
4.) 撇 piě (丿) ex. 人 文 火
5.) 捺 nà (乀) ex. 八 大 又
6.) 提 tí (乁) ex. 习 打 次
7.) 钩 gōu (乚) 乚) ex. 小 心 儿
8.) 折 zhé (乛 乚 乙) ex. 口 日 山

Stroke-order rule	Examples	Stroke order
一 precedes 丨	十	一 十
丿 precedes 乀	入	丿 入
From top to bottom	立	丶 二 亠 立 立
From left to right	川	丿 刂 川
Outside precedes inside	月	丿 刀 月 月
Outside precedes inside, The sealing stroke is last.	日	丨 冂 日 日
Middle precedes the two sides.	小	亅 小 小

Notes: The stroke direction of Chinese characters usually starts from left or top and ends at right or bottom. But there are some exceptions. For words like 边、进、and 延 the stroke order starts from the right. And for words like 戈、我 and 求, although "点" (丶) in these characters is found at the top, it is the last to be written.

Therefore we should know the stroke-order for each character outside its normal rule.

基 础 汉 语（一）

Basic Mandarin A

Shirley K. Sy

TABLE OF CONTENTS

Abbreviation for Grammar Terms

Glossary

Bibliography

Dì yī kè   Nǐ hǎo！

第 一 课   你好！

Lesson 1   Hello ！

一．   课文   Text

Nǐ hǎo！

A: 你 好！

Hi ！

Nǐ hǎo！

B: 你 好！

Hello ！

Nǐ hǎo ma?

A: 你 好 吗?

How are you?

Wǒ hěn hǎo.

B: 我 很 好。

I'm fine.

Nǐ bàba māma hǎo ma?

A: 你爸爸 妈妈 好 吗?

How are your dad and mom?

Tāmen hěn hǎo.

B: 他 们 很 好。

They are fine.

二． 生词 New Words

1. nǐ   Pr   你   you (singular)
2. hǎo   Adj   好   good, fine
3. ma   QPt   吗   (a particle used for questions expecting a yes-no answer)
4. wǒ   Pr   我   I; me
5. hěn   Adv   很   very
6. bàba   N   爸爸   dad
7. māma   N   妈妈   mom
8. tā   Pr   他   he; him
9. men   Suf   们   (used after pronouns/ nouns to denote plural form)
10. yī   Nu   一   one
11. bā   Nu   八   eight

三． 注释 Notes

① Nǐ hǎo -   "Hi !", "Hello !"
    This is the most common form of greeting in Chinese. It is used when meeting people for the first time or for people you already know and can be used anytime of the day. The response to this greeting form is also "Nǐ hǎo".

② Nǐ hǎo ma? - "How are you?"
    This is also a form of greeting, often used after you have not seen someone for some time, and the response is usually "Wǒ hěn hǎo".

四． 语音 Phonetics

① Most Chinese syllables are the combination of initials (usually consonants) and finals which constitute the rest of the syllable with tones. There are altogether 21 initials and 38 finals and there are a little over 1,300 syllables in Putonghua.

② Chinese is a tonal language in which the tones convey differences in meaning.
There are four basic tones in standard Chinese pronunciation. They are the first tone (flat ‾), the second tone (rising ´), the third tone (falling-rising ˇ), and the fourth tone (falling `). Besides, there is also a neutral tone which is read slightly and very short, without any tone marks.

When a syllable contains only a single vowel, the tone mark is placed directly above the vowel letter as in "bù" and "rén". The dot over the vowel "i" should be dropped if the tone mark is placed above it, as in "nǐ", "bīn" and "mìng". When the final of the syllable is composed of two or more vowels, the tone mark should be placed above the vowel pronounced with the mouth widest open.

The openness of the mouth for the vowels, from widest to smallest is as follows:

a o e i u ü

③ Third tone sandhi
When a third tone is immediately followed by another third, it should be pronounced in the second tone. However, the tone mark remains unchanged.

        Ex. Nǐ hǎo . → Ní hǎo

               Wǒ yě hěn hǎo . → Wó yé hén hǎo.

④ When "ua, uo, uei, uan, uen, uang, ueng" and "ueng" stands alone as a syllable, "u" is written as "w".

⑤ Standing alone as a syllable, "i", "u" is written as "yi", "wu".

五、 语音 Phonetics

声母 Initials : b p m n h t
韵母 Finals : a e* i o ao en

	a	e	i	o	ao	en
b	ba		bi	bo	bao	ben
m	ma	me	mi	mo	mao	men
n	na	ne	ni		nao	nen
h	ha	he			hao	hen
t	ta	te	ti		tao	

*e when used as a single vowel sound is pronounced like a swa sound [ə];

语音练习　Pronunciation Drills

拼读 1.Spell and read:

(1)
b – a → ba
b – o → bo
b – i → bi
b – ao → bao
b – en → ben

(2)
p – a → pa
p – o → po
p – i → pi
p – ao → pao
p – en → pen

(3)
m – a → ma
m – o → mo
m – i → mi
m – ao → mao
m – e → me
m – en → men

(4)
n -- a → na
n – i → ni
n – ao → nao
n – e → ne
n – en → nen

(5)
t-- a → ta
t – i → ti
t – ao → tao
t – e → te

(6)
h – a → ha
h – ao → hao
h – e → he
h – en → hen

读四声 2. Read the following syllables with different tones.

bā bá bǎ bà
pā pá pǎ pà
tā tá tǎ tà

bī bí bǐ bì
pī pí pǐ pìt
tī tí tǐ tì

bāo báo bǎo bào
pāo páo pǎo pào
tāo táo tǎo tào

hē hé   hè
y ē yé yě yè

bēn   běn bèn
　　hén hěn hèn
mēn mén   mèn
wēn wén wěn wèn

wō   wǒ wò

辩音 3. Sound discrimination
bā --- pā   bēn ---- pēn

辩调 4. Tone discrimination
bā — bǎ   mén --- mèn

4

读一读 4. **Read aloud**

1. nǐ
2. hǎo
3. bàba
4. māma
5. Nǐ hǎo !
6. Nǐ hǎo ma ?

7. Hěn hǎo.
8. Wǒ hěn hǎo.
9. Bàba, hǎo !
10. Māma, hǎo !

会话练习 5. **Conversation practice**

A: Nǐ hǎo !

B: _____ !

A: Nǐ hǎo ma ?

B: _____ .

A: Nǐ bàba hǎo ma ?

B: _____ .

A: Nǐ bàba māma hǎo ma ?

B: _____ .

Name (姓名) _____   Date (日期)_____

Writing Exercises: Lesson 1

一   yī   one

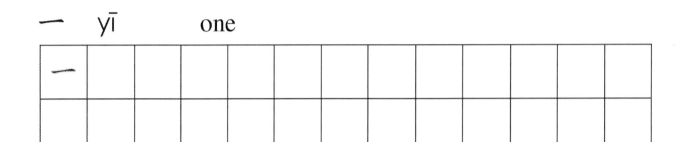

二   èr   two

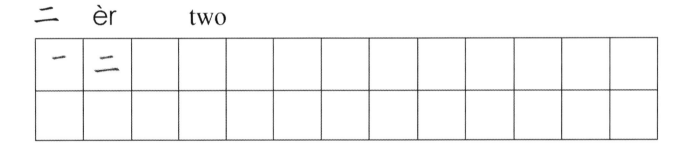

三   sān   three

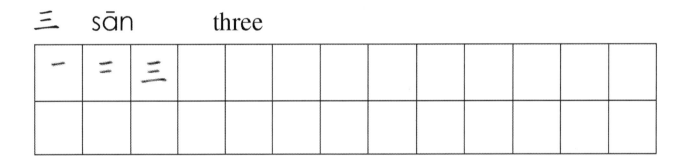

八   bā   eight

Dì èr kè   Nǐ máng ma?
第 二 课   你 忙 吗?
Lesson 2   Are you busy?

一、 课文 Text

Nǐ máng ma?
A: 你 忙 吗?
Are you busy?

(Wǒ) bù máng. Nǐ ne?
B: (我) 不 忙。 你 呢?
I am not busy. And you?

Wǒ yě bù máng.
A: 我 也 不 忙。
I'm not busy too .

Nǐ gēge máng ma?
B: 你 哥 哥 忙 吗?
Is you elder brother busy?

Tā hěn máng.
A: 他 很 忙。
He is busy.

Dìdi ne?
B: 弟弟 呢?
How about your younger brother?

Dìdi yě hěn máng. Tāmen dōu hěn máng.
A: 弟弟 也 很 忙。 他 们 都 很 忙。
My younger brother is busy too. They are all busy.

二.　　　生词　New Words

1. máng	Adj	忙	busy
2. bù	Adv	不	no; not
3. yě	Adv	也	also
4. gēge	N	哥哥	elder brother
5. dìdi	N	弟弟	younger brother
6. ne	QPt/Pt	呢	modal particle, used at the end of an interrogative sentence
7. dōu	Adv	都	both; all
8. èr	Nu	二	two
9. wǔ	Nu	五	five
10. dì	Pref.	第	used before numerals to form ordinal numbers
11. kè	N	课	lesson

三 .　　　语法　Grammar

① Unlike English where verbs are indispensable in making sentences, adjectives in Chinese can function directly as predicates without any verb. These adjectives can be modified by adverbs such as "很", "也", and "都". The negative form of sentences with an adjectival predicate is generated by placing the negative adverb "不" before the adjective that functions as the predicate. For example: 我不忙。

② A declarative sentence can be changed into question answerable by yes or no by simply adding the question particle "吗" at the end of it.

Statement		Question
你好。 Nǐ hǎo.	→	你 好 吗? Nǐ hǎo ma?
他爸爸、妈妈 都 好。 Tā bàba māma dōu hǎo.	→	他爸爸、妈妈 都 好 吗? Tā bàba māma dōu hǎo ma?
他忙。 Tā máng.	→	他 忙 吗? Tā máng ma?

③ "ne" is a modal particle added after a pronoun or a noun used for elliptical questions. It somewhat resembles English "how about…?"

④ Neutral tone is unstressed and is pronounced in a short and "weak" manner. There is no tonemark over the vowel sound.

⑥ In Chinese an ordinal number can be formed by putting "第"(dì) before a cardinal number。第一、第二。。。

四．　语音　　Phonetics

声母 Initials:　d　　g　　k
韵母 Finals :　u　　ou　ang

	u	ou	ang
d	du	dou	dang
g	gu	gou	gang
k	ku	kou	kang

	a	e	i	o	ao	en	u	ou	ang
b	ba		bi	bo	bao	ben	bu		bang
m	ma	me	mi	mo	mao	men	mu	mou	mang
n	na	ne	ni		nao	nen	nu	nou	nang
h	ha	he			hao	hen	hu	hou	hang
t	ta	te	ti		tao		tu	tou	tang
d	da	de	di		dao	den	du	dou	dang
g	ga	ge			gao	gen	gu	gou	gang
k	ka	ke			kao	ken	ku	kou	kang

语音练习　Pronunciation Drills

1. 拼读 Spell and read:

d – a → da	t – a → ta	g – a → ga
d – i → di	t – i → ti	
d – ao → dao	t – ao → tao	g – ao → gao
d – ang → dang	t – ang → tang	g – ang → gang
d – e → de	t – e → te	g – e → ge
d – ou → dou	t – ou → tou	g – ou → gou
d – u → du	t –u → tu	g – u → gu

2. 四声 The four tones:

tā		tǎ	tà
mēn	mén		mèn	tāmen
wō		wǒ	wò	wǒmen
bū	bú	bǔ	bù
	máng	mǎng		bù máng
gē	gé	gě	gè	gēge
dī	dí	dǐ	dì	dìdi
dōu		dǒu	dòu

3. 辩音 Sound discrimination

dà --------- tà	dōu ----------- tōu	dē ---------- tē
dī -----------tī	dīng ----------- tīng	dù ----------- tù

4. 辩调 Tone discrimination

dāo ----- dào	tǔ ------- tù
ní --------- nǐ	tóu ----- tòu

5. 轻声 Neutral tone

bàba   māma   gēge   dìdi
nǐmen   wǒmen   tāmen
hǎo ma   nǐ ne

三声变调 6. Third -tone sandhi

nǐ hǎo   hěn hǎo   yě hěn hǎo   wǒ hěn hǎo

五．会话练习 Conversation Practice

(1) A: Paul, nǐ máng ma?

   B: _____. Nǐ ne?

   A: _____

(2) A: Nǐ bàba māma hǎo ma ?

   B: _____. Nǐ gēge ne?

   A: _____.

(3) A: Nǐ dìdi hǎo ma ?

   B: _____. Nǐ _____ne?

   A: _____.

(4) A: Tāmen máng ma?

   B: Tāmen bù máng. Nǐmen ne?

   A: _____.

Writing Exercises: Lesson 2

五　wǔ　　　　　five

一	丁	五	五									

不　　bù　　　　　no; not

一	丆	不	不									

好　　hǎo　　　　good

乚	乆	女	奵	好	好							

你　nǐ　　　　　you

丿	亻	伀	伬	伬	你	你						

Dì sān kè   Tā shì shéi?

第 三 课   她 是 谁?

Lesson 3   Who is she?

一、　课文　Text

Tā shì shéi?

A:　她 是 谁?

Who is she?

Tā shì wǒmen lǎoshī, Cài lǎoshī.

B:　她 是 我 们 老 师，蔡 老 师。

She is our teacher, Teacher Chua/Choi.

Cài lǎoshī, zǎoshàng hǎo!

AB:　蔡 老 师，早 上 好!

Good morning , Teacher Chua/Choi.

Nǐmen zǎo!

C:　你 们 早!

Good morning!

Cài lǎoshī, nín máng ma?

A:　蔡 老 师，您 忙 吗?

Teacher Chua, are you busy?

Wǒ hěn máng. Zàijiàn.

C:　我 很 忙。再见。

I am busy. See you again.

13

二. 生词　New Words

1. shì	V	是	be	
2. shéi(uí)	Pr	谁	who	
3. wǒmen	Pr	我们	we; us	
4. lǎoshī	N	老师	teacher	
5. nín	Pr	您	you (honorific)	
6. zǎoshàng	N	早上	morning	
zǎo	Adj	早	early	
7. sān	Nu	三	three	
8. shí	Nu	十	ten	
9. zàijiàn	exp.	再见	see again	
zài	Adv	再	again	
jiàn	V	见	see	
10. Cài	PN	蔡	"Chua" in southern Fujian dialect	

"Choi" in Cantonese dialect

"Tsai" in Wade-Giles transcription

三. 注释　Notes

① The Pronunciation of -i

The -i in zhi chi shi ri is not pronounced as [i], but the extending sound of zh ch sh r.
The -i in zi ci si ri is not pronounced as [i], but the extending sound of z c s.

② The Third-tone Sandhi

When followed by a first, second, fourth or neutral tone, a third tone is usually pronounced like a half third tone, i.e. a tone that only falls but does not rise. The tone-mark is unchanged.

For example:　Nǐ gēge　Nǐ máng ma?　Wǒ dìdi.

③ When preceded by an initial, the finals "uei" and "uen" must be written as "ui" and "un". The tone-mark of "ui" should be placed above "i".

④ nín is the polite or formal form of **nǐ**. Young people use nín when speaking to those older than they are. Nín is also used when two people meet for the first time during formal occasion.

四. 语法　　Grammar

①The verb SHI (to be): Because of the existence of adjectival verbs in Chinese, the verb SHI is used less often than in English. Sentences with SHI are usually A=B sentences equating the subject (A) to another noun or pronoun (B). The negative form is formed by adding 不 (bù) before the verb.

e.g. 他 是 老 师。　　　她 不是 我 姐姐。
　　　 Tā shì lǎoshī.　　　 Tā búshì wǒ jiějie.
　　　 A = B　　　　　　　 A ≠ B
　　　 He is a teacher.　　　 She is not my older sister.

五. 语音　　Phonetics

声母 Initials:　 l　 sh　 z　 c　 s　 j

韵母 Finals :　 an　 ai　 -i　 ian　 in　 ei　 ui

	an	ai	ao	i	ian	in	ei	u	ui
l	lan	lai	lao	li	lian	lin	lei	lu	
sh	shan	shai	shao	shi*			shei	shu	shui
z	zan	zai	zao	zi*				zu	zui
c	can	cai	cao	ci*				cu	cui
s	san	sai	sao	si*				su	sui
j				ji	jian	jin			

*please refer to note #1

	an	ai	ao	i	ian	in	ei	u	ui
d	dan	dai	dao	di	dian		dei	du	dui
t	tan	tai	tao	ti	tian			tu	tui
g	gan	gai	gao				gei	gu	gui
k	kan	kai	kao				kei	ku	kui
m	man	mai	mao	mi	mian	min	mei	mu	

语音练习　Pronunciation Drills

1. 拼读 Spell and read

(1)

c--- a →ca
c--- an →can
c--- ai →cai
c--- ao →cao
c--- ang→cang
c -- i → ci
c— ui → cui

(2)

s -- a→ sa
s -- an→ san
s – ai → sai
s -- ao→sao
s -- ang→sang
s -- i → si
s – ui → sui

(3)

sh --- a → sha
sh --- an → shan
sh --- ao → shao
sh -- ang→ shang
sh --- -i → shi
sh --- ei → shei
sh --- ui → shui

(4)

l – a → la
l – an → lan
l – ai → lai
l – ao → lao
l -- ang→lang
l – i → li
l – ei → lei

2. 读四声 Read the following syllables with different tones   .

(1)

shā	shá	shǎ	shà
shāo	sháo	shǎo	shào
shī	shí	shǐ	shì
shē	shé	shě	shè
	shéi		
shū	shú	shǔ	shù
shuō	shuó	shuǒ	shuò
shōu			shòu

(2)

sā		sǎ	sà
sāo		sǎo	sào
sī		sǐ	sì
			sè
sū	sú		sù
suō		suǒ	
sōu		sǒu	sòu

(3)

lā	lá	lǎ	là		lē		lè
lāo	láo	lǎo	·lào		lēi	léi	lěi	lèi
lōu	lóu	lǒu	lòu		luō	luó	luǒ	luò
lī	lí	lǐ	lì		līn	lín	lǐn	lìn

3. 半三声 Modulation of the 3rd tone

wǒ hē	hěn hóng	hěn dà	hǎo ma
hǎo tīng	nǐ néng	hěn màn	lǎo de
lǎoshī	hěn téng	nǐ yào	nǐ ne

4. 辩声 Sound discrimination:

shuō ---- shōu
shì ------- shè
lín -------- nín
tīng ----- dīng
tà ------ dà
tuì ------- duì
cài------- sài

5. 辩调 Tone discrimination:

luó --- luǒ
lāo --- lào
léi --- lěi
dīng -- dǐng
shōu ---shòu
līn ---- lín
cān------- càn

6. 读一读 Read aloud.

1. tā
2. shì
3. shéi
4. wǒmen
5. nǐmen
6. lǎoshī
7. lǎoshīmen
8. Tā shì nǐmen lǎoshī ma?
9. Tā shì wǒmen lǎoshī.
10. Lǎoshīmen hǎo !

五．会话练习　Conversation Practice

(1) A: Tā shì lǎoshī ma?

   B: Tā shì lǎoshī.

(2) A: Tā shì nǐmen lǎoshī ma?

   B: Tā shì wǒmen lǎoshī.

(3) A: Tā shì shéi?

   B: ＿＿＿＿＿＿＿＿＿＿.

(4) A: Tā shì nǐ gēge ma?

   B: ＿＿＿＿＿＿＿＿＿＿.

(5) A: Nǐ gēge shì lǎoshī ma?

   B: ＿＿＿＿＿＿＿＿＿＿.

(6) A: Nǐ dìdi yě shì lǎoshī ma?

   B: ＿＿＿＿＿＿＿＿＿＿.

Name (姓名) _____   Date（日期)_____

Writing Exercises: Lesson 3

十   shí   ten

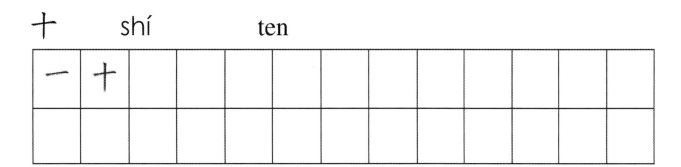

早   zǎo   early; morning

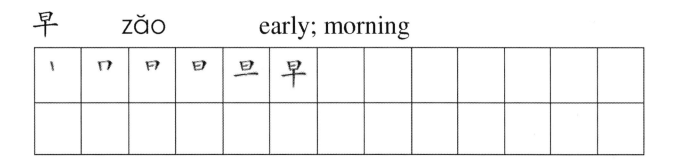

上   shàng   up

丨	卜	上									

他   tā   he

丿	亻	仇	伷	他							

Dì sì kè   Tā shì wǒ jiějie.

第四课   她 是 我 姐姐。

Lesson 4   She is my elder sister.

一、   课文   Text

Tā shì nǐ māma ma?

A: 她是你妈 妈吗?

Is she your mom?

Tā shì wǒ jiějie.

B: 她 是 我 姐姐。

She is my elder sister.

Tā yě shì nǐ jiějie ma?

A: 她也 是 你 姐姐 吗?

Is she also you elder sister?

Bú shì. Tā shì wǒ mèimei.

B: 不 是。 她是我 妹 妹。

No. She is my younger sister.

Nǐ jiějie shì lǎoshī ma?

A: 你 姐姐 是 老师 吗?

Is your elder sister a teacher?

Wǒ jiějie bú shì lǎoshī , tā shì dàifu.

B: 我 姐姐 不 是 老 师，她 是 大 夫。

Not. My elder sister is not a teacher, she is a doctor.

二． 生词 New Words

1.	jiějie	N	姐姐	elder sister
2.	mèimei	N	妹妹	younger sister
3.	dàifu	N	大夫	doctor
4.	sì	Nu	四	four
5.	liù	Nu	六	six
6.	jiǔ	Nu	九	nine

三． 注释 Notes

The compound final "iou" is written as "iu" when it comes after an initial and the tone mark is placed on "u". For example: liù (six).

四． 语音 Phonetics

声母 Initials: j f

韵母 Finals: ie iu

	ie	iu
j	jie	jiu
f		

	ie	iu	ai	ei	u
j	jie	jiu			(ju)*
f				fei	fu
l	lie	liu	lai	lei	lu
d	die	diu	dai	dei	du

*The 'u' in 'ju' is pronounced with an umlaut sound.

语音练习 Pronunciation Drills

1. f -- a→fa   j – i → ji   b-- ie→ bie
   f -- u→fu   j –ie →jie   p-- ie→ pie
   f – ei→fei   j –iu →jiu   d-- ie→ die
   f – en →fen   t -- ie→ tie

读四声 Read the following syllables with different tones

1.   fā   fá   fǎ   fà   2. jī   jí   jǐ   jì
      fū   fú   fǔ   fù   jiē jié jiě jiè
      fēi   féi   fěi   fèi   jiū   jiǔ jiù
      fēn fén fěn fèn   jīn   jǐn jìn

辨声 Sound discrimination   辨调 Tone discrimination

mēi	miē		páiduì	pàiduì
gāo	kāo		fēijī	féijī
nèi	niè		dàjiě	dàjiē
jiù	jiè		jiūfēn	jiǔfēn
fù	bù		fúmò	fùmǔ

2.   Tongue twister

Sì shì sì
Shí shì shí
Shísì shì shísì
Sìshí shì sìshí
Shísì búshì sìshí
Sìshí búshì shísì

3. 会话练习 Conversation practice

1. A: Nǐ jiějie shì lǎoshī ma?
        你 姐姐 是 老师 吗?

    B: Bù. Tā shì dàifu.
        不。她 是 大夫。

2. A: Tā shì nǐ māma ma?
        她 是 你 妈 妈 吗?

    B: Shì. Tā shì wǒ māma.
        是。 她 是 我 妈妈。

    A: Tā shì nǐ jiějie ma?
        她 是 你 姐姐 吗?

    B: Bù. Tā shì wǒ mèimei.
        不。 她是 我 妹 妹。

3. A: Tā shì nǐ gēge ma?
        他 是 你 哥 哥 吗?

    B: Shì. Tā shì wǒ gēge.
        是。 他 是 我 哥哥。

    A: Tā yě shì nǐ gēge ma?
        他 也 是 你 哥哥 吗?

    B: Bù. Tā shì wǒ dìdi。
        不。他 是 我 弟弟。

Writing Exercises: Lesson 4

四   sì   four

一	冂	四	四	四							

六   liù   six

、	二	亠	六								

是   shì   is; yes

、	口	日	日	旦	早	早	是	是			

我   wǒ   I

ノ	二	手	手	扎	我	我					

Review Lesson (1)
复习课（一）

A: Nǐ hǎo!
你 好!

B: Nǐ hǎo!
你 好!

A: Nǐ bàba māma hǎo ma?
你 爸爸 妈妈 好 吗?

B: Tāmen dōu hěn hǎo. Nǐ gēge dìdi yě hǎo ma?
他 们 都 很 好。你 哥 哥 弟弟 也 好 吗?

A: Tāmen yě hěn hǎo. Nǐ jiějie ne?
他 们 也 很 好。 你 姐姐 呢?

B: Wǒ jiějie hěn máng.
我 姐姐 很 忙。

A: Tā shì lǎoshī ma?
她 是 老师 吗?

B: Tā búshì lǎoshī, Tā shì dàifu.
她 不是 老师，她 是 大夫。

A: Tā shì shéi?
她 是 谁?

B: Tā shì wǒ mèimei.
她 是 我 妹 妹。

认汉字　Recognition of Chinese characters

一 yī	二 èr	三 sān	四 sì	五 wǔ	六 liù	八 bā	十 shí
我 wǒ	你 nǐ	他 tā	早 zǎo	上 shàng	好 hǎo	不 bù	是 shì

短语　duǎnyǔ　　　　Phrases

你好！Nǐ hǎo!	Hi there!
你好吗？Nǐ hǎo ma?	How are you?
你忙吗？Nǐ máng ma?	Are you busy?
他是谁？Tā shì shéi?	Who is he?
他是我们老师。Tā shì wǒmen lǎoshī.	He is our teacher.
早上好！Zǎoshàng hǎo!	Good morning!
再见！Zàijiàn!	See you again.

阅读：
早上好！ 你们都好吗？谁是蔡老师？她是我姐姐不是我妹妹。我爸爸妈妈也都是老师，他们都很好也都很忙。

Dì wǔ kè   Zhè shì shénme?
第 五 课   这 是 什 么?
Lesson 5   What is this?

一、   课文   Text

Zhè shì shénme?
A: 这 是 什 么?
What is this?

Zhè shì shū.
B: 这 是 书。
This is a book.

Zhè shì shénme shū?
A: 这 是 什 么 书?
What book is this?

Zhè shì Zhōngwén shū.
B: 这 是 中 文 书。
This is Chinese book.

Nà yě shì Zhōngwén shū ma?
A: 那 也 是 中 文 书 吗?
Is that also a Chinese book?

Nà búshì Zhōngwén shū. Nà shì Yīngwén shū.
B: 那 不 是 中 文 书。那 是 英 文 书。
That is not a Chinese book. That's an English book.

二. 生词 New Words

1. zhè	Pr	这	this
2. nà	Pr	那	that
3. shénme	QPr	什么	what
4. shū	N	书	book
5. Zhōngwén	N	中文	Chinese language
6. Yīngwén	N	英文	English language

三. 语法 Grammar

① Unlike in English, Chinese questions that use interrogative pronouns do not entail inversion of the word order. The interrogative pronoun occupies the same slot as the information sought in the reply. In other words, phrase the question in the same way it will be answered.

Ex. 那是什么? Nà shì shénme? 他是谁? Tā shì shéi?
那是书。 Nà shì shū. 他是王老师。Tā shì Wáng Lǎoshī.

四. 语音 Phonetics

声母 Initials: zh
韵母 Finals : ong

	a	e	-i	u	uei(ui)	an	ang	en	eng	ong
zh	zha	zhe	zhi	zhu	zhui	zhan	zhang	zhen	zheng	zhong
sh	sha	she	shi	shu	shui	shan	shang	shen	sheng	
z	za	ze	zi	zu	zui	zan	zang	zen	zeng	zong
c	ca	ce	ci	cu	cui	can	cang	cen	ceng	cong
s	sa	se	si	su	sui	san	sang	sen	seng	song

语音练习 Pronunciation drill:

zá	cā	sā	zé	cè	sè	zì	cí	sì
zǎn	cān	sān	zēn	cēn	sēn	zú	cū	sū
zāng	cāng	sāng	zēng	céng	sēng			

双音节辩声／辩调连读 Sound/tone discrimination in disyllabic words:

zìdiǎn	cídiǎn	sìdiǎn	sìtiān
zàijiàn	cǎidiàn	cǎisè	cāicè
zhǎnkuān	cānguān	zàntíng	cāntīng
zhìdù	shìtú	zǔlì	chūlì
sùshè	shūshì	cūnzi	sūnzi

五. 练习　　　　Drills

Zhè/ Nà shì shénme?
这／那 是 什 么?

bǐ （笔）　　zhǐ （纸）　　zhuōzi （桌子）　　yǐzi （椅子）　　mén （门）

1. A: Zhè shì shénme?
　　　 这 是 什 么?

　 B: Zhè shì shū.
　　　 这 是 书。

2. A: Nà shì shénme shū?
　　　 那 是 什 么 书?

　 B: Nà shì Yīngwén shū.
　　　 那 是 英 文 书。

3. A: Zhè shì zhuōzi ma?
　　　 这 是 桌 子 吗?

　 B: Zhè búshì zhuōzi, zhè shì yǐzi.
　　　 这 不 是 桌 子，这 是 椅 子。

Exercises: Lesson 5

A: Write the initials/finals (with tonemarks) of the following pinyin:

Initials   Finals

1. (   ) ū : book   1. l (   )sh(   ) : teacher
2. (   ) ì : four   2. sh (   ) m(   ): what
3. (   ) ì : verb to be   3. d (   ) f (   ) : doctor
4. (   ) ān: three   4. zh (   ) z (   ) : table
5. (   ) ǐ : paper   5. y (   ) z (   ) : chair
6. (   ) ǎo: early; morning   6. n (   ) : that
7. (   ) è : this   7. m (   ) m (   ): younger sister
8. (   ) ǐ : pen   8. m (   ) : busy
9. (   ) ù : no ; not   9. l (   ) : six
10. (   ) ōng (   ) én: Chinese   10. j (   ) : nine
                          language

B: Translate the following intoEnglish/ Chinese using pinyin:

1. A: Is this a book?   _____

   B: Zhè búshì shū.   _____

2. A: What is that?   _____

   B: Nà shì bǐ.   _____

3. A: This is not a Chinese book. _____

   B: Zhè shì Yīngwén shū. _____ _____

C: Write the Chinese characters of the following greetings:

1. Hi! _____ 2. Good morning ! _____

Writing Exercises: Lesson 5

什   shén

ノ	イ	仁	什								

么   me

ノ	ㄙ	么									

这   zhè   this

丶	二	方	文	文	议	这					

那   nà   that

丁	刁	彐	刃	那	那						

Dì liù kè
第六课
Lesson 6

Zhè shì shéide?
这 是 谁的?
Whose is this?

一、 课文 Text

Nǐ yǒu Zhōngwén shū ma?
A: 你 有 中 文 书 吗?
Do you have Chinese book?

Yǒu. Wǒ yǒu Hànyǔ kèběn.
B: 有 。 我 有 汉 语 课本。
Yes. I have Chinese textbook.

Zhè běn shū shì nǐ de ma?
A: 这 本 书 是 你的 吗?
Is this book yours?

Zhè běn shū búshì wǒ de.
B: 这 本 书 不是 我 的。
This book is not mine.

Zhè běn shū shì shéi de?
A: 这 本 书 是 谁 的?
Whose book is this?

Zhè běn shū shì tā de.
B: 这 本 书 是 她 的。
This book is hers.

Nà běn cídiǎn ne?
A: 那 本 词典 呢?
How about that dictionary ?

Nà běn cídiǎn shì lǎoshī de.
B: 那 本 词典 是 老师 的。
That's teacher's dictionary.

32

二.　　生词　New Words

1. yǒu   V   有   to have
2. Hànyǔ   N/Adj   汉语   Chinese spoken language
    Hàn   N/Adj   汉   Han ethnic group
    yǔ   N   语   language
3. kèběn   N   课本   textbook
4. běn   mw   本   (for books or compiled papers)
5. de   Pt   的   (possessive/modifying particle)
6. cídiǎn   N   词典   dictionary

三、注释　　Notes

① The possessive is formed with the particle "de" which works just like the 's in English.

② In Chinese, numerals and demonstrative pronouns cannot be used as attributives directly before nouns. There must be a measure word in between. A specific noun often requires a specific measure word.

      e.g. 一本书 yì běn shū (a book)　　这本书 zhè běn shū (this book)

③ "Zhongwen" and "Hanyu" both mean Chinese language. Zhongwen pertains to both written and spoken language, while Hanyu pertains more to spoken language.

四、语法　　Grammar

① When a noun or pronoun is used as an attributive to define or show possession, it must take after it the structural particle "的".

      e.g.　他 的 书。　　　　　　　　这 是 你的 吗?
           Tā de shū. (His book.)　　　Zhè shì nǐde ma? (Is this yours?)
           我 们 的 老师.　　　　　　一本 很 好 的 书。
           Wǒmen de lǎoshī. (Our teacher.)　　Yì běn hěn hǎo de shū. (A very good book.)

However, when a personal pronoun is used as an attributive and the headword is a kin term or an institution "的" may be omitted.

      e.g.　你爸爸　　　　　　　　　我 们 学 校
           Nǐ bàba (your dad)　　　　Wǒmen xuéxiào (our school)

Sometimes the structural particle "的" is not added between the attributive and the center-word.

      e.g.　中 文 书　　　　　　　　英 文 词典
           Zhōngwén shū (Chinese book)　　Yīngwén cídiǎn (English book)

五、练习　　Drills

（一）读一读 Read:

wǒ de	nǐ de	tā de		
wǒmen de	nǐmen de	tāmen de		
bàba de	māma de	gēge de	jiějie de	lǎoshī de
yǒu shū	yǒu bǐ	yǒu zhǐ	yǒu cídiǎn	yǒu kèběn

（二）替换　　Substitute the underlined words with the ones in the box.

1. A: Zhè shì shénme shū?
    B: Zhè shì Zhōngwén shū.

cídiǎn	Yīngwén
zázhì	Zhōngwén
bào	Yīngwén

2. A: Nà shì shéi de shū?
    B: Nà shì wǒ mèimei de shū.

Lín lǎoshī
Wáng dàifu
wǒ gēge

（三）会话练习　　Conversation Practice

A:　Zhè shì shéide?
　　这　是　谁的?

B:　Zhè shì wǒde.
　　这　是　我的。

A:　Nà yě shì nǐde ma?
　　那　也　是你的　吗?

B:　Nà búshì wǒde. Nà shì tāde.
　　那　不是　我的。那　是　他的。

A:　Nǐ yǒu cídiǎn ma?
　　你　有　词典　吗?

B:　Yǒu. Wǒ yǒu Zhōngwén cídiǎn, yě yǒu Yīngwén cídiǎn.
　　有。我　有　中　文　词典也　有　英　文　词典。

Exercises: Lesson 6

I.   Match column A with column B (encircle the one with correct tonemark):

	A	B
	mine	(kèbēn; kèběn)
	whose	(nǐde; nīde)
	dictionary	(zhè bě shū; nà běn shū)
	textbook	(wò de; wǒ de)
	yours	(cídiǎn; cídiān)
	that book	(Yīngwén shù; Yīngwén shū)
	English book	(shèi de; shéi de)
	she has	(tā yòu; tā yǒu)

I.   Complete the following dialogue and write the translation after each line:

A: Zhè běn shū shì (   )ma?

B: Búshì. Zhè běn shū búshì wǒ de.

A: Zhè běn cídiǎn shì (   )?

B: Zhè běn cídiǎn shì tā de.

A: Zhè shì (   ) shū?

B: Zhè shì Zhōngwén shū.

A: Nǐ (   ) Yīngwén shū ma?

B: Yǒu. Wǒ yǒu.

III Write these in Chinese characters:

a) three _____

b) eight _____

c) ten _____

d) book _____

e) to have _____

f) what _____

g) I_____

Writing Exercises: Lesson 6

的   de

＇	亻	白	白	白	白	的	的					

有   yǒu   to have

一	𠂇	才	有	有	有							

书   shū   book

㇆	乛	书	书									

文   wén   language

、	二	亠	文									

Dì qī kè   Qǐng Jìn.
第 七 课   请 进
Lesson 7   Please come in.

一、   课文   Text

Bàba, māma, zhè shì wǒ péngyou.
A: 爸爸、妈妈，这 是 我 朋 友。
Dad, Mom, this is my friend.

Qǐng jìn. Qǐng zuò.
B: 请 进。请 坐。
Please come in. Please have a seat.

Shūshu, āyí, wǎnshang hǎo!
DE: 叔 叔、阿姨，晚 上 好！
Good evening, Uncle and Auntie.

Nǐmen hǎo. Qǐng hē chá
BC: 你 们 好。请 喝 茶。
Hi. Please have some tea.

Xièxie.
DE: 谢 谢！
Thanks.

Búkèqi
BC: 不客气。
Don't mention it.

二.　　生词　New Words

1. péngyou	N	朋友	friend
2. shūshu	N	叔叔	uncle
3. āyí	N	阿姨	auntie
4. qǐng	V	请	please
5. jìn	V	进	enter
6. zuò	V	坐	sit
7. wǎnshang	N	晚上	evening
8. hē	V	喝	drink
9. chá	N	茶	tea
10. xièxie	exp.	谢谢	thanks
11. búkèqi	exp.	不客气	Don't mention it
12. qī	Nu	七	seven

三。　语音　　　　Phonetics

声母 Initials:　　j　q　x　ch

韵母 Finals :　　　ing

	i	ing	ie	ia	ian	in	a
j	ji	jing	jie	jia	jian	jin	
q	qi	qing	qie	qia	qian	qin	
x	xi	xing	xie	xia	xian	xin	
ch	ch(-i)						cha

四。　注释　　　　Notes

①The basic tone for "不 bù" is the 4th tone. It changes to the 2nd when it is immediately followed by another 4th tone syllable.

e.g. 　bù hē 　　　　bú yào
　　　bù néng 　　　bú kàn
　　　bù hǎo 　　　　bú yòng
　　　bù lái 　　　　bú kèqi

② "叔叔、阿姨" (shūshu, āyí) are casual addresses used by younger generations to strangers or to friends of their parents.

③ "Qǐng 请" is an expression used for making polite requests.

五。 练习   Drills and Practice

1. 半三声 Half third tone:

qǐng wèn   qǐng jìn   qǐng hē chá   qǐng zuò
wǎnshang   zǎoshang   hǎo péngyou   hěn máng
zǎoshang hǎo   wǎnshang hǎo   nǐmen hǎo

2。 问答 Question and answer:

Tā shì shéi?
他 / 她是谁?

姐姐 jiějie   哥哥 gēge   妹妹 mèimei   王老师 Wáng lǎoshī
older sister   older brother   younger sister   Teacher Wang

2。 会话练习 Conversation practice:

A: Tā shì nǐ péngyou ma?
       他 是 你 朋 友 吗?

B: Shì. Tā shì wǒ péngyou.
       是。他 是 我 朋 友。

A: Nà shì nǐ jiějie ma?
       那 是 你 姐姐 吗?

B: Nà búshì wǒ jiějie, nà shì wǒmen lǎoshī.
       那 不是 我 姐姐, 那 是 我 们 老师。

A: Zhè shì nǐ mèimei de shū ma?
       这 是 你 妹妹 的书 吗?

40

B:　　Shì . Zhè shì wǒ mèimei de Zhōngwén shū.
　　　　是。这 是 我 妹 妹 的 中 文 书。

Name (姓名) _____　　　　　　　Date（日期)_____

Exercise: Lesson 7

A. Translate the following sentences into Chinese using pinyin:

1. Please come in. _____

2. Please have some tea._____

3. Don't mention it._____

4. Please have a seat._____

5. Hi! (Greeting more than one person.)_____

6. See you again._____

7. Thank you._____

8. This is my friend._____

B. Identify the following Chinese characters.　Write their meaning and pinyin.

1什么　2朋友　3中文　4老师　　5请　　6喝　7是　8书　　9有　10谁

1._____ _____　　　6. _____

2._____ _____　　　7. _____

3._____ _____　　　8. _____

4. _____　　　9. _____

5. _____　　　10. _____

C. Translate the following sentences by using the Chinese characters below. (write the numbers only)

1 坐　　2 朋友　　3 你　　4 忙　　5 请　　6 喝　　7 吗　　8 他　　9.好　　10.茶

11 那　　12 的　　13 英文　　14 我　　15 老师　　16 是　　17 不

1. Is he busy? _____

2. How is your friend? _____

3. Is that yours? _____

4. I don't drink tea._____

5. Please have a seat. _____

Writing Exercises: Lesson 7

七　　qī　　　　seven

一	七											

坐　　zuò　　　　sit

ノ	人	从	丛	坐	坐	坐						

朋　　péng　　friend

ノ	月	月	月	月	朋	朋	朋					

友　　yǒu　　friend

一	ナ	方	友									

Dì bā kè   Nǐ hē /chī shénme?

第 八 课   你喝／吃 什 么？

Lesson 8   What would you like to drink/eat?

一、 课文   Text

Nǐ yào hē shénme?

A: 你 要 喝 什 么？

What do you want to drink?

Wǒ yào kāfēi.

B: 我 要 咖啡。

I want some coffee.

Tā hē kāfēi háishì hē kělè?

A: 他 喝 咖啡 还 是 喝 可乐？

Does he want coffee or cola drinks?

Tā yào kělè.

B: 他 要 可乐。

He wants cola drinks.

Nǐmen hē shénme?

A: 你 们 喝 什 么？

What would you (pl.) drink?

Wǒmen hē shuǐ

CD: 我 们 喝 水。

Some water for us.

Nǐmen chī shénme? Chǎofàn, dàngāo háishì miàntiáo?

A: 你 们 吃 什 么？ 炒 饭、蛋 糕、还 是 面 条？

What would you like to eat? Fried rice, cake or noodles?

Wǒ xiǎng chī chǎofàn.

B: 我 想 吃 炒 饭。

I want to eat fried rice.

44

Wǒ xiǎng chī dàngāo.

C: 我 想 吃 蛋糕。

I'd like some cakes.

Wǒ yào miàntiáo.

D: 我 要 面条。

I want some noodles.

二. 生词 New Words

1.	yào	V/Aux.V	要	to want; to desire
2.	kāfēi	N	咖啡	coffee
3.	háishì	conj	还是	or
4.	kělè	N	可乐	cola drinks
5.	shuǐ	N	水	water
6.	chī	V	吃	to eat
7.	xiǎng	V/Aux.V	想	to want; think
8.	chǎofàn	N	炒饭	fried rice
9.	dàngāo	N	蛋糕	cake
10.	miàntiáo	N	面条	noodles

三。 注释 Notes

① Háishì(还是) is a conjunction that connects two or more phrases including clauses to ask people to choose from two or more possibilities.

For example:

这是书还是本子? Zhè shì shū háishì běnzi?

Is this a book or a notebook?

你喝茶、咖啡还是可乐? Nǐ hē chá, kāfēi háishì kělè?

Do you want tea, coffee or cola drinks?

四、 练习　　Drills

A. （一）

Zhè shì shénme?
这　是　什么?

这是。。。　　　　　　　　　　　　　　　那是。。。

guǒzhī	píjiǔ	táng	bāozi	shuǐguǒ	dàngāo
fruit juice	beer	candies	stuffed bun	fruits	cake

hē shuǐ　　　　hē niúnǎi　　　　hē píjiǔ　　　　hē nǎichá
hē kāfēi　　　　hē guǒzhī　　　　chī miàntiáo　　chī táng
chī bāozi　　　chī fàn　　　　　chī dàngāo　　　chī jīdàn

C. （三）

替换 Substitution : Substitute the underlined words with the ones in the box.

Nǐ xiǎng <u>chī</u> shénme?
Wǒ xiǎng <u>chī bāozi</u>.

Nǐ jiějie	chī	shuǐguǒ
Tā	chī	dàngāo
Nǐmen	chī	táng
Tā	hē	kělè
Nǐ bàba	hē	chá
Nǐ péngyou	hē	guǒzhī

<u>Nǐ</u> <u>chī</u> <u>táng</u> háishì <u>chī shuǐguǒ</u>?
<u>Wǒ chī shuǐguǒ</u> 。

tā	hē	píjiǔ	kāfēi
nǐ	chī	shuǐguǒ	dàngāo
dìdi	yǒu	běnzi	cídiǎn

46

D. 会话练习 Conversation Practice:

A: Nǐ yào chī shénme?
      你 要 吃 什么?

B: Wǒ xiǎng chī bāozi.
      我 想 吃 包子。

A: Tā chī shénme?
      他 吃 什么?

B: Tā yào shuǐguǒ.
      他 要 水果。

A: Nǐmen hē shénme?
      你们 喝 什么?

B: Wǒmen hē guǒzhī.
      我 们 喝 果汁。

A: Nǐ hē píjiǔ ma?
      你 喝啤酒 吗?

B: Wǒ hē píjiǔ.
      我 喝 啤酒。

A: Nǐ hē kāfēi ma?
      你 喝 咖啡 吗?

B: Wǒ bù hē kāfēi, wǒ yào hē chá.
      我 不 喝 咖啡，我 要 喝 茶。

A: Qǐng chī táng.
      请 吃 糖。

B: Xièxie. Wǒ bù chī táng, wǒ chī shuǐguǒ.
      谢 谢。我 不 吃 糖，我 吃 水 果。

Exercises: Lesson 8

A. Write the pinyin of the following:

A   B   C   D   E   F

_____   _____   _____   _____   _____   _____

B. Write the questions and answers.   Sentences are expressed in symbols. ✕ for

negative, ✓ for affirmative. Names of food or beverages are the ones that

appear above.   Make your own choice of subjects/verbs/ auxiliary verbs/ and

question words or particles.

1. A: _____?

    B: ✓ (D)_____

2. A: ✓(B) _____?

    B: ✕ (B) ✓ (E)_____

3. A: ✕ (A)_____?

    B: ✓ (C)_____.

4. A: ✓ (F) ✓ (D)_____?

    B: ✓ _____

C. Translate the following sentence using Chinese characters.

    What would your friend like to eat? _____

Name (姓名) ____________________　　　　　　Date (日期)_________________

Writing Exercises 8

吃　　chī　　to eat

丨	口丨𠃍	口	口丿	口𠂉	吃							

喝　　hē　　to drink

丨	口丨𠃍	口	口丨	口𠃍	口曰	口日	口曰	喝	喝	喝	喝	

茶　　chá　　tea

一	十	艹	艹丿	艾	艹人一	艹人一亅	艹人一亅丿	茶				

水　　shuǐ　　water

亅	亅フ	亅フ丿	水									

Review Lesson 2
复习课（二）

Zhè shì shénme?

A: 这 是 什 么?

Zhè shì Zhōngwén shū.

B: 这 是 中 文 书。

Shì nǐde ma?

A: 是 你的 吗?

Búshì wǒde. Shì tāde.

B: 不 是 我 的。是 他 的。

Tā shì shéi?

A: 他 是 谁?

Tā shì wǒ péngyou.

B: 他 是 我 朋 友。

Qǐng jìn.　Qǐng zuò.

A: 请 进。请 坐。

Xièxie.

B: 谢 谢。

Nǐ hē shénme? Chá háishì kělè?

A: 你 喝 什 么? 茶 还 是 可乐?

Wǒ hē kělè.

B: 我 喝 可乐。

Qǐng chī dàngāo.

A: 请 吃 蛋 糕。

Xièxie.

B: 谢 谢。

Búkèqi

A: 不客气。

阅读：

　　叔叔阿姨，请吃糖。你们喝什么？茶还是咖啡？这是我朋友，那是他的中文书和英文词典。

七	吃	喝	水	茶	坐	朋	友
qī	chī	hē	shuǐ	chá	zuò	péng	yǒu
的	有	书	文	什	么	这	那
de	yǒu	shū	wén	shén	me	zhè	nà

短语　duǎnyǔ　　　Phrases

请进	Qǐng jìn.	Please come in.
请坐	Qǐng zuò.	Please have a seat.
请喝茶	Qǐng hē chá.	Please have some tea.
他是我朋友.	Tā shì wǒ péngyou.	He is my friend.
这是什么?	Zhè shì shénme?	What is this?
那是你的吗?	Nà shì nǐde ma?	Is that yours?
你要喝什么?	Nǐ yào hē shénme?	What do you want to drink?
你吃蛋糕还是包子?	Nǐ chī dàngāo háishì bāozi?	You want cake or stuffed bun?
我有词典。	Wǒ yǒu cídiǎn.	I have dictionary.
那不是我的中文书。	Nà búshì wǒ de Zhōngwén shū.	That's not my Chinese book.
谢谢。	Xièxie.	Thanks.
不客气。	Búkèqi	Don't mention it.

Dì jiǔ kè　　　　　　Nǐmen qù nǎr?
第九课　　　　　　你 们 去 哪儿?
Lesson 9　　　　　　Where are you going?

一、　课文　Text

Nǐmen qù nǎr?
A:　你 们 去 哪儿?
　　Where are you (pl.) going?

Wǒ qù kāfēidiàn hē kāfēi.
B:　我 去 咖啡 店 喝 咖啡。
　　I'm going to have some coffee at the coffeeshop.

Wǒ qù shūdiàn mǎi bǐ hé běnzi.　Nǐ ne ?　Nǐ qù nǎr?
C:　我 去 书 店 买 笔 和 本子。你 呢? 你 去 哪儿? 。
　　I'm going to the bookstore to buy some pens and notebooks. And how about
　　you? Where are you going?

Wǒ yě qù shūdiàn.　Wǒ xiǎng mǎi yì běn cídiǎn.
A:　我 也 去 书 店。我 想 买 一 本 词典。
　　I'm going to the bookstore too. I'm going to buy a dictionary.

Wǒmen yíkuàir qù shūdiàn ba!　Wǒ yào mǎi liǎng ge běnzi.
C:　我 们 一块儿去 书 店 吧! 我 要 买 两 个 本子。
　　Let's go to the bookstore together. I'm going to buy two notebooks.

二．　生词　New Words

1.	qù	V	去	to go
2.	nǎr	QPr	哪儿	where
3.	shūdiàn	N	书店	bookstore
	diàn	N	店	store
4.	mǎi	V	买	to buy
5.	hé	Conj.	和	and

6. běnzi	N	本子	notebook
7. bǐ	N	笔	pen
8. yíkuàir	Adv	一块儿	together
9. ba	MdPrt	吧	
10. liǎng	Nu	两	two
11. ge	mw	个	used generally for objects without specific measure words of their own.

三．　语音　　　　Phonetics

声母 Initials:　　j　q　x

韵母 Finals :　　u (ü)　ue　un　uan

	u	ue	un	uan
j	ju	jue	jun	juan
q	qu	que	qun	quan
x	xu	xue	xun	xuan
l	lü	lüe		
n	nü	nüe		

四．注释　Notes

① ü when preceeded by j,q,x, y is spelled without the dots on top and produced with the lips in flattened blowing formation.

② 吧 'ba' is a modal particle that may be used in sentences expressing requests, commands, or persuasion.

五．语音练习　Pronunciation Drills

jūshù — qūzhú	nǔzǐ — nìzǐ	lǜsè — nǔsè
jīròu — xūruò	nüèdài — lìdài	xūgòu —jī gòu
juéshí — quèshí	xuéxí — xuèxǐ	juānxiàn—quánxiàn

读一读 Read and learn:

1.

一　二　三　四　五　六　七　八　九　十

2.　　1 2 3, 3 2 1, 1 2 3 4 5 6 7.
　　　4 5 6, 7 8 9, 我们都是好朋友。

　　　　Nǐ mǎi shénme?
3. 你买什么?

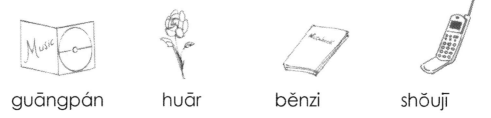

guāngpán   huār   běnzi   shǒujī

4. 问答 Question and answer：

Nǐ mǎi shénme?
你买　什么?

我　　买→

liǎng ge bāozi	两个包子
sānge běnzi	三个*本子
yì zhǐ* bǐ	一枝笔 (for stick- like things)
liǎng běn cídiǎn	两本词典
sān zhāng* zhǐ	三张纸 (for objects that are flat &can be rolled up or folded)

*ge – the unit of measurement for notebook (běnzi) should be 'běn' since it is compiled, but two consecutive 'bens' sound awkward thus 'ge' is used instead.

*When the numeral "2" is used with a measure word in Chinese, the character "两" is used instead of "二". For Example: "两个学生" "两个人" we do not say "二个学生" "二个人".

Exercises:　Lesson 9

A. Write the Chinese character of the numeral beside it then match it with the correct pinyin at the left:

　　　(qī ; qì)　　　　　8 - - (　　　)
　　　(sǎn; sān)　　　　6 - - (　　　)
　　　(shǐ; shí)　　　　4 - - (　　　)
　　　(sì; sī)　　　　　7 - - (　　　)
　　　(bǎ; bā)　　　　　3 - - (　　　)
　　　(liǔ; liù)　　　　9 - - (　　　)
　　　(wǔ; wū)　　　　10 - - (　　　)
　　　(jiǔ; jiù)　　　　5 - - (　　　)

A. Match columns A & B, then connect the measure word found in column C with the corresponding object:

A	B	C
books	笔	• (zhāng)
paper	书	• (ge)
pens	本子	• (běn)
notebooks	纸	• (zhī)

B. Translate the following into Chinese using pinyin:

1. I have a Chinese dictionary.

2. He bought five notebooks.

3. We went to drink tea.

4. Where did you go to buy English textbook?

5. Who went to XYZ bookstore to buy CD?

Name (姓名) _____   Date (日期)_____

Writing Exercises 9

九   jiǔ   nine

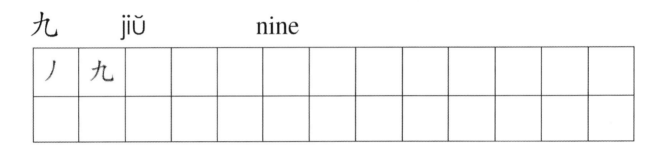

去   qù   to go

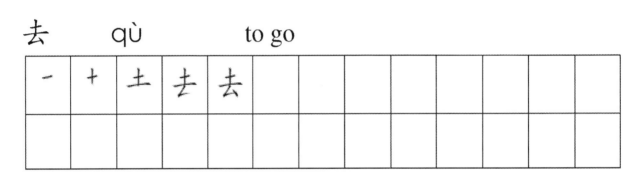

和   hé   and

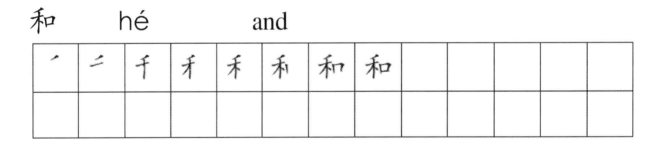

笔   bǐ   pen

Dì shí kè   Nǐ jiào shénme míngzi?

第 十 课   你 叫 什 么 名 字?

Lesson 10   What is your name?

一、　课文　Text

Nǐ xìng shénme?

A:　你 姓 什 么?

What is your surname?

Wǒ xìng Lín.

B:　我 姓 林。

My surname is Lim.

Nǐ jiào shénme míngzi?

A:　你 叫 什 么 名 字?

What is your name?

Wǒ jiào (Lín) Àiměi. Nǐ ne?

B:　我 叫 (林) 爱 美。你 呢?

I'm called (Lim) Amy. How about you?

Wǒ xìng Lándīn, jiào Bǎoluó.

A:　我 姓 蓝 丁，叫 保 罗。

My surname is Lantin, I'm called Paul.

Nǐ yǒu Zhōngwén míngzi ma?

B:　你 有 中 文 名 字 吗?

Do you have a Chinese name?

Duìbuqǐ, wǒ méiyǒu Zhōngwén míngzi.

A:　对 不 起，我 没 有 中 文 名 字。

I'm sorry, I don't have Chinese name.

1.	xìng	N/V	姓	surname
2.	Lín	PN	林	"Lim" in southern Fujian dialect
				"Lam" in Cantonese dialect
3.	jiào	V	叫	to call
4.	míngzi	N	名字	name
5.	duìbuqǐ	exp	对不起	sorry
6.	méiyǒu	Adv	没有	no; none

注释 Notes

① "Yǒu" means 'to have'. It has one distinctive feature in that, unlike all other verbs, its negative form can only be formed with 'méi' not 'bù'.

② "Nǐ jiào shénme míngzi?" (What is your name?) This is used by elders when they want to know the names of young people or it is used between young people. One shouldn't use it, therefore, when he wants to know an elder's name or when he needs to show respect and politeness.

练习 Drills and Practice

A. 替换 Substitution: Substitute the underlined words with the ones in the box.

Nǐ xìng shénme?
你 姓 什么？
Wǒ xìng Wáng.
我 姓 王。

Lǎoshī	Lín
Nǐ péngyou	Menzi
Yīngyǔ lǎoshī	Brown
Yīshēng	Martin

Nǐ jiào shénme míngzi?
你 叫 什 么 名字？
Wǒ jiào Lily.
我 叫 丽丽。

Nǐ dìdi	Max
Jiějie de péngyou	Měilín
Tā gēge	Robin

58

B. Conversation Practice

A: Nǐ hǎo!
你好！

B: Nǐ hǎo!
你好！

A: Wǒ shì _____. Nǐ jiào shénme míngzi?
我 是_____. 你 叫 什 么 名字？

B: Wǒ jiào_____.
我 叫_____.

A: Wǒmen Zhōngwén lǎoshī xìng shénme?
我 们 中 文 老师 姓 什么？

B: Wǒmen Zhōngwén lǎoshī xìng Cài.
我 们 中 文 老师 姓 蔡。

A: Xièxie.
谢谢。

B: Búkèqi.
不客气。

Exercises :   Lesson 10

A. Answer the following questions in Chinese using pinyin: (complete sentence)

1. Nǐ jiào shénme míngzi? _____

2. Nǐ xìng shénme? _____

3. Nǐmen Zhōngwén lǎoshī xìng shénme?

   _____

4. Nǐ yǒu Zhōngwén míngzi ma?

   _____

5. Nǐ māma xìng shénme?

   _____

6. Nǐ yǒu Zhōngwén kèběn ma?

   _____

Write the pinyin of the following Chinese characters and their meaning.

1. 你的朋友 _____

2. 他姓什么 _____

3. 中文名字 _____

4. 我没有书 _____

Writing Exercises 10

叫   jiào   to call

丨	叮	口	叫	叫								

名   míngzi   name

丿	夕	夕	夕	名	名							

字   zì   name; character

丶	冖	宀	宁	宁	字							

中   zhōng   Chinese; middle

丨	冂	口	中									

Dì shíyī kè   Rènshi nǐ wǒ hěn gāoxìng.
第十一课   认 识你我 很 高兴。
Lesson 11   I am very glad to meet you.

一、   课文   Text

Xiǎojiě, nín guì xìng?

A: 小 姐，您贵 姓？

Miss, what is your honourable name?

Wǒ xìng Cài, jiào Dàinà .

B: 我 姓 蔡， 叫黛娜。

My surname is Chua/Choi, I'm called Diana.

Cài xiǎojiě, rènshi nín wǒ hěn gāoxìng.

A: 蔡 小 姐，认识您我很 高兴.

Miss Chua/Choi, I am very glad to meet you.

B: Xiānsheng, nín xìng shénme?

先 生， 您 姓 什么？

Mister, what is your surname?

Wǒ xìng Liú. Wǒde Zhōngwén míngzi jiào Dàwéi.

A: 我 姓 刘，我的 中 文 名字叫 大为.

My surname is Lao/Lau, my Chinese name is Dàwéi (David).

Liú xiānsheng, rènshi nín wǒ yě hěn gāoxìng.

B: 刘 先 生， 认识您我也很 高 兴.

Mr. Lao/Lau, I am very happy to meet you too.

Cài xiǎojiě nín shì xuéshēng ma?

A: 蔡 小 姐，您是学 生 吗？

Miss Chua/Choi, are you a student?

Wǒ búshì xuéshēng, wǒ shì yīshēng.

B: 我 不是 学 生，我是 医 生。

I am not a student, I'm a doctor.

A:
Duìbuqǐ.
对 不 起。
I'm sorry.

B:
Méiguānxi
没 关 系。
That's alright.

二、 生词 　　 New Words

1. rènshi	V	认识	to know (recognize)
2. guì	Adj	贵	honourable; expensive
3. gāoxìng	Adj	高兴	glad; happy
4. xiǎojiě	N	小姐	Miss
5. xiānsheng	N	先生	Mr.
6. xuéshēng	N	学生	student
7. yīshēng	N	医生	doctor
8. méiguānxi	exp	没关系	it's alright; don't mention it
9. Liú	PN	刘	"Lao" in southern Fujian dialect "Lau" in Cantonese dialect

三、 注释 　　 Notes

① Most Chinese surnames are monosyllabic, but there are also disyllabic, trisyllabic or polysyllabic surnames. Surnames are usually put before given names.

②When meeting people for the first time, it is more polite to ask for their last name, "Nín guìxìng" (What is your honourable last name?) The answer is never "Wǒ guìxìng..." but "Wǒ xìng...."

③"Nǐ xìng shénme?" (What is your surname?) is an informal way of asking someone's surname or when an adult is speaking to a child.

④"Tā xìng shénme?" (What is his name?) is used for asking another person's name. One shouldn't say "Tā guì xìng?"

⑤Chinese people always put their names before their title, so that Mr. Lao becomes Liú xiānsheng; Dr. Lim/Lam becomes Lín yīshēng.

四、　练习　　　Drills

A.

Xiānsheng	xiǎojiě	yīshēng	tàitai
Gāo xiānsheng	Huáng xiǎojiě	Lín yīshēng	Xǔ tàitai
hěn gāoxìng	hěn duō	hěn máng	hěn guì
yě hěn gāoxìng	yě hěn duō	yě hěn máng	yě hěn hǎo
méiguānxi	méi wèntí	búkèqi	bú xiè

B. 替换 Substitution: Substitute the underlined words with the ones in the box.

Nǐ guìxìng?
你 贵 姓?
Wǒ xìng Wáng.

| Lín | Gates |
| Mèng | Martin |

Lǎoshī jiào shénme míngzi?
老 师 叫 什么 名字?
Tā jiào (Lín) Dōngfēng.

| Wāng Xiǎojiě | (Wāng) Hóngméi |
| Hugo Xiānsheng | Henry (Hugo) |

Nǐ rènshi Lín Xiǎojiě ma?
你 认识 林 小 姐 吗?

Nǐ bàba	Xǔ Xiānsheng
Tā	Wāng Tàitai *　(Mrs.)
Liú Yīshēng	Martin Xiǎojiě

Exercises: Lesson 11

A. Write the pinyin of the following :

1)   Miss Lín _____

2)   Teacher Zhāng _____

3)   Mr. Liú _____

4)   Doctor Lán _____

B. Complete the following dialogue:

A: _____(at a formal gathering)

B: Wǒ xìng Lín.

A: _____?
B: Tā xìng Xǔ.

A: Rènshi nǐ wǒ hěn gāoxìng.

B: _____

A: _____?

B: Wǒ bú rènshi Liú xiǎojiě.

A: Shéi shì nǐmen de Zhōngwén lǎoshī?

B: _____

Writing Exercises 11

先   xiān   first

ノ	⺧	⺧	生	步	先							

生   shēng   person; grow

ノ	⺧	⺊	牛	生								

姓   xìng   surname

ㄑ	女	女	女	女	妙	姓	姓					

姐   jiě   older sister

ㄑ	女	女	妇	如	妯	姐	姐					

Dì shí'èr kè
第十二课
Lesson 12

Tā shì nǎ guó rén?
她 是 哪 国 人?
What is her nationality?

一、 课文　Text

A:
　Qǐngwèn, nǐ shì Fēilǜbīn rén ma?
请　　问，你是 菲律宾人 吗?
May I ask, are you Filipino?

B:
Shì. Wǒ shì Fēilǜbīn rén. Nǐ yě shì Fēilǜbīn rén ma?
是。我 是菲律宾人。你也是菲律宾 人 吗?
Yes. I am Filipino. Are you Filipino too?

A:
Wǒ búshì Fēilǜbīnrén. Wǒ shì Zhōngguó rén.
我 不是 菲律宾人。我 是 中　　国 人。
I am not Filipino. I am Chinese.

B:
Tā shì nǐ tóngxué ma?
她 是你 同　学 吗?
Is she your classmate?

A:
Duì. Tā shì wǒ tóngxué.
对。她 是 我 同　 学。
That's right. She is my classmate.

B:
Nǐ tóngxué shì nǎ guó rén?
你 同　学 是 哪 国 人?
What nationality is your classmate?

A:
Wǒ tóngxué shì Měiguó rén.
我 同　 学 是 美 国 人。
My classmate is American.

二. 生词 New Words

1.	qǐngwèn	exp	请问	May I ask
	wèn	V	问	to ask
2.	Fēilǜbīn	PN	菲律宾	Philippines
	Rén	N	人	person
3.	Zhōngguó	PN	中国	China
4.	tóngxué	N	同学	classmate
5.	nǎguó	Qw	哪国	which country
	nǎ	Qw	哪	which
	guó	N	国	country
6.	duì	Adj	对	right；correct
7.	Měiguó	PN	美国	USA

三。 语音练习 Pronunciation Drills

A. 双音节连读 Disyllabic words:

Déguó (Germany)   Fǎguó (France)   Éguó (Russia)   Měiguó (USA)
Rìběn (Japan)   Hánguó (Korea)   Yīngguó (England)
Shànghǎi   Běijīng   Xiàmén

B. 三音节连读 Trisyllabic words:

Měiguórén   Rìběnrén   Hánguórén   Yīngguórén
Zhōngguórén   Běijīngrén   Shànghǎirén   Mǎnǐlā

C. 多音节连读 Polysyllabic words:

Fēilǜbīnrén   Mǎláixīyàrén   Yìndùnǐxīyàrén   Xīnjiāpōrén

四。 练习 Drills and Practice

替换 Substitution: Substitute the underlined words with the ones in the box

你们 老师 是 哪 国 人?
<u>Nǐmen lǎoshī</u> shì nǎ guó rén?
<u>Wǒmen lǎoshī</u> shì <u>Rìběn</u> rén.

Nǐ péngyou	Hánguórén
Wáng Dàifu	Zhōngguórén
Tāmen	Fēilǜbīnrén

<u>Ross 老师</u> 是 哪儿 人?
<u>Ross lǎoshī</u> shì nǎr rén?
<u>Ross lǎoshī</u> shì Niǔyuē rén.

Nǐmen	Shànghǎirén
Lín lǎoshī	Fújiànrén
Tā	Běijīngrén
David	Nánjīngrén

你 想 去 哪儿?
<u>Nǐ</u> xiǎng qù nǎr?
<u>Wǒ</u> xiǎng qù <u>Shànghǎi</u>.

Wáng Xiānshēng	Rìběn
Nǐ tóngxué	Měiguó
Nǐmen	Běijīng
Tāmen	shūdiàn

Exercises: Lesson 12

Tāmen shì nǎ guó rén?

他 们 是 哪 国 人?

| Bob | Yuki | Kim | Mike | Monique |

1. Kim shì nǎ guó rén?

   _____

2. Yuki shì Zhōngguó rén ma?

   _____

3. Mike shì Yīngguó rén ma?

   _____

4. Monique shì nǎ guó rén?

   _____

5. Bob shì Déguó rén ma?

   _____

6. Nǐ shì nǎ guó rén?

   _____

Writing Exercises 12

人   rén   person

ノ	人									

哪   nǎ   which

ˋ	ㅁ	ㅁ	叮	叧	吲	呀	哪	哪		

国   guó   country

l	冂	冂	月	用	囯	国	国			

美   měi   beautiful

、	˅	ㅂ	ㅂ	ㅂ	羊	羊	羊	美		

Review Lesson 3
复习课（三）

Qǐngwèn, nǐ jiào shénme míngzi?
A: 请 问，你 叫 什么 名字？

Wǒ xìng（Lín）jiào（Àiměi）.
B: 我 姓（林） 叫 （爱美）.

（Lín）xiǎojiě, rènshi nǐ wǒ hěn gāoxìng.
A: （林）小 姐，认 识你 我 很 高兴。

Nín guìxìng?
B: 您 贵 姓？

Wǒ xìng（Cài）, wǒ de Zhōngwén míngzi jiào（Dàwéi）.
A: 我 姓（蔡）， 我 的 中 文 名 字 叫 （大为）

（Cài）xiānsheng, rènshi nín wǒ yě hěn gāoxìng.
B: （蔡）先 生， 认识 您 我 也 很 高兴。

（Lín）xiǎojiě, nín shì nǎ guó rén?
A: （林）小姐， 您 是 哪 国 人？

Wǒ shì Fēilǜbīnrén. Nǐ ne?
B: 我 是 菲律宾人。 你 呢？

Wǒ shì Zhōngguórén. Nà shì nǐ péngyou ma?
A: 我 是 中 国 人。那 是 你 朋 友 吗？

Shì. Nà shì wǒ péngyou. Tā yě shì Zhōngguórén.
B: 是。那 是 我 朋 友，他 也 是 中 国 人。

Nǐ péngyou qù nǎr?
A: 你 朋 友 去 哪儿？

Tā qù shūdiàn mǎi bǐ hé běnzi.

B: 他 去 书 店 买 笔 和 本子。

认汉字　Recognition of Chinese characters

人	哪	美	国	先	生	姐	姓
叫	名	字	中	九	去	和	笔

短语　Short phrases

你叫什么名字？	Nǐ jiào shénme míngzi?	What is your name?
您贵姓？	Nín guìxìng?	What is your honourable name?
认识你我很高兴	Rènshi nǐ wǒ hěn gāoxìng.	I'm very glad to meet you.
您是哪国人？	Nín shì nǎ guó rén?	What nationality are you?
我是菲律宾人。	Wǒ shì Fēilùbīnrén.	I'm Filipino.
你去哪儿？	Nǐ qù nǎr?	Where are you going?
我们去星巴克 　喝咖啡吧。	Wǒmen qù Xīngbākè 　hē kāfēi ba.	Let's go to Starbucks to have 　some coffee.

阅读：
你们认识我朋友吗？他姓 Adams，叫保罗。他没有中文名字。他是英国人。那是林小姐，她是中国人，是医生。Adams 先生和林小姐去书店买书，也要去咖啡店喝咖啡。

Dì shísān kè
第十三课
Lesson 13

Nǐ jiā yǒu jǐ kǒu rén?
你 家 有 几 口 人？
How many are you in the family?

一、 课文 Text

Bǎoluó, nǐ jiā yǒu jǐ kǒu rén?
A: 保 罗，你 家 有 几 口 人？
Paul, how many are you in the family?

Wǒ jiā yǒu liù kǒu rén. Yǒu yéye, nǎinai, bàba, māma, yí ge
B: 我 家 有 六 口 人。有 爷爷、奶奶、爸爸、妈妈、一个
We are six in the family. My grandpa, grandma, my dad, mom , a

mèimei hé wǒ.
妹 妹 和 我。
younger sister and I.

Nǐ méiyou gēge dìdi?
A: 你 没 有 哥哥 弟弟？
Don't you have any older or younger brother?

Méiyou. Wǒ yě méiyou jiějie.
B: 没 有。我 也 没 有 姐姐。
No. I don't have an older sister either.

Nǐ yǒu péngyou ma?
A: 你 有 朋 友 吗？
Do you have friends?

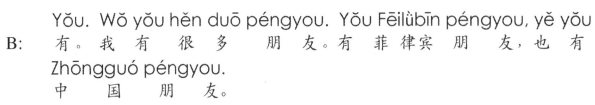

Yǒu. Wǒ yǒu hěn duō péngyou. Yǒu Fēilùbīn péngyou, yě yǒu
B: 有。我 有 很 多 朋 友。有 菲律宾 朋 友，也 有
Zhōngguó péngyou.
中 国 朋 友。
Yes. I have lots of friends. I have Filipino friends and Chinese friends too.

二. 生词 New Words

1.	jiā	N	家	family/home
2.	jǐ	Qw	几	how many
3.	kǒu	mw; N	口	for family
4.	yéye	N	爷爷	paternal grandfather
5.	nǎinai	N	奶奶	paternal grandmother
6.	ge*	mw	个	(for people)
7.	hé*	conj.	和	and
8.	duō	Adj	多	many

三. 注释 Notes

① Most nouns have their own particular measure words, and "个" is the most commonly used measure word. It can be applied before nouns referring to people and things.

② "口" is a measure word for indicating how many members a family has. It cannot be used with people in other cases. We don't say "我家有三口哥哥." "个"and"位" are the measure words for people in general use.

③ "和 hé" is a conjunction that connects pronouns, nouns or noun phrases. Unlike English, it is not used for connecting clauses, and is seldom used to connect two verbs.

④ "几" is a question word that should be followed by measure word pertaining to the object. It is a question word that asks about numbers less than 10.

四。 练习 Drills

wǒmen jiā	wǒmen xuéxiào	wǒmen bān	wǒmen lǎoshī
wǒ bàba	wǒ māma	wǒ yéye	wǒ nǎinai
wǒ hé nǐ	nǐ péngyou hé tā	gēge hé dìdi	shū hé bǐ
jǐ kǒu rén	jǐ běn shū	jǐ ge mèimei	jǐ zhī bǐ

yī jiā èr shì sān   shí jiǎn sì shì liù
  1 + 2 = 3   10 - 4 = 6
(3) + (5) = (8)   (8) - (5) = (3)
(4) + (6) = (10)   (9) - (2) = (7)

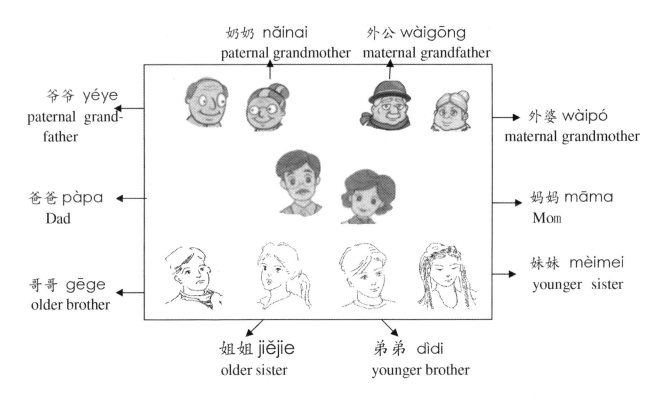

奶奶 nǎinai
paternal grandmother

外公 wàigōng
maternal grandfather

爷爷 yéye
paternal grand-
father

外婆 wàipó
maternal grandmother

爸爸 pàpa
Dad

妈妈 māma
Mom

哥哥 gēge
older brother

妹妹 mèimei
younger sister

姐姐 jiějie
older sister

弟弟 dìdi
younger brother

替换 Substitution: Substitute the underlined words with the ones in the box.

她是你姐姐吗?
她不是我姐姐，她是我妈妈。

那	奶奶	外婆(wàipó)
他	爸爸	爷爷
这	弟弟	朋友的弟弟

Nǐ jiā yǒu jǐ kǒu rén?
你家有 几口 人?
我家有六口人。

他	个	中国朋友(péngyou)	很多
你	本	英文课本 (kèběn)	三
你	个	手机 (shǒujī)	两

Nǐ yǒu jǐ běn shū?
你有 几 本书?
我有三本书。

本 běn	中文词典 Zhōngwén cídiǎn	一
个 ge	中国朋友 Zhōngguó péngyou	五
个 ge	本子 běnzi	六
张 zhāng	纸 zhǐ	四
枝 zhī	笔 bǐ	两

Name (姓名) _____   Date (日期)_____

Exercises: Lesson 13

A. Write the members of the family using pinyin:

他们是谁?

 a. b. c. d. e. f.

a. _____   d. _____
b. _____   e. _____
c. _____   f. _____

B. Answer the following questions:

1. Bǎoluó jiā yǒu jǐ kǒu rén?

_____

2. Bǎoluó yǒu jǐ ge gēge, jǐ ge dìdi?

_____

3. Tā yǒu jiějie, mèimei ma?

_____

4. Bàba de māma wǒmen jiào tā shénme? Māma de bàba
    wǒmen jiào tā shénme?

_____

5. Bǎoluó de péngyou duō ma ?

_____

Writing Exercises 13

几   jǐ   how many; several

丿	几									

个   ge   (measure word)

丿	人	个								

妈   mā   mother

ㄑ	乄	女	刅	妈	妈					

没   méi   none

丶	冫	氵	沒	汐	没	没				

Dì shísì kè   Nǐ mèimei hěn piàoliang
第十四课   你 妹 妹 很 漂 亮.
Lesson 14   Your younger sister is pretty.

（一）课文

A: Nǐ kàn, zhè shì wǒmen de zhàopiàn.
你 看，这 是 我 们 的 照 片。
Look, this is our family picture.

B: Wǒ kàn yíxià, nǐ mèimei hěn piàoliang. Tā (de) yǎnjing dà, xiàng
我 看 一 下，你 妹 妹 很 漂 亮。她（的）眼 睛 大，像
nǐ māma.
你 妈 妈。
Let me see, your younger sister is very pretty. She has big eyes, like your mom.

A: Duì. Wǒ (de) yǎnjing xiǎo, xiàng bàba.
对。我（的）眼 睛 小，像 爸 爸。
You're right. My eyes are small, like my dad.

B: Nǐ bàba, māma zuò shénme gōngzuò ?
你 爸 爸、妈 妈 做 什 么 工 作 ？
What do your parents do?

A: Wǒ bàba shì gōngrén, māma shì hùshi.
我 爸 爸 是 工 人，妈 妈 是 护 士。
My dad is a worker, my mom is a nurse.

（二）生词　　New Words

1.	kàn	V	看	look
2.	yíxià		一下	a short while
3.	zhàopiàn	N	照片	photo
4.	piàoliang	Adj	漂亮	pretty
5.	yǎnjing	N	眼睛	eyes
6.	dà	A	大	big
7.	xiǎo	A	小	small
8.	xiàng	V	像	to resemble
9.	zuò	V	做	to do
10.	gōngzuò	N/V	工作	work; job
11.	gōngrén	N	工人	worker
12.	hùshi	N	护士	nurse

三、　注释　　Notes

① 一下　is used after a verb to indicate a short action, or to express the idea of "giving something a try" thus making the expression sound more casual.

For example: 看一下　kàn yíxià

去一下　qù yíxià

四、练习　　Drills

Tāmen zuò shénme gōngzuò?

A. 他们　做　什么　工作？

sījī

chúshī

yīshēng

jǐngchá

(1)

gōngrén	(worker)
nóngmín	(farmer)
shāngrén	(businessman)
yáyī	(dentist)
lǜshī	(lawyer)
jiàoshòu	(professor)

(2)

tóufa	(hair)
yáchǐ	(teeth)
yǎnjing	(eyes)
ěrduo	(ears)
zuǐ	(mouth)
bízi	(nose)

B. 替换 Substitution: Substitute the underlined words with the ones in the box.

我哥哥是律师(lǜshī- lawyer).

我姐姐	(nurse)
他爷爷	(driver)
我朋友	(doctor)

他的眼睛(eyes)很漂亮(beautiful)。

tóufa (hair)	cháng (long)
ěrduo (ears)	dà (big)
zuǐ (mouth)	xiǎo (small)

他爸爸是老师不是律师(lǜshī)。

My uncle (shūshu)	policeman	driver
Mr. Wang	doctor	professor
Ms. Lin	chef	teacher

Exercises: Lesson 14

A. Write the pinyin of the following images:

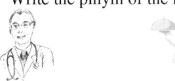 _____    _____    _____

 _____   _____    _____

B. Translate the following sentences using pinyin:

1. She doesn't look like her mom or her dad.

    _____

 2. Miss Lee is a doctor.

    _____

3. Your hair is beautiful.

    _____

4. My elder sister is a nurse not a doctor.

    _____

5. His dad is a good chef.

    _____

6. Is my hair long or hers?

    _____

Writing Exercises 14

大   dà   big

一	大	大									

*pronounced as dài in dàifu (大夫)

小   xiǎo   small

丿	小	小									

工   gōng   work

一	丁	工									

做   zuò   to do

丿	亻	亻	什	什	估	估	做	做	做	做		

Dì shíwǔ kè
第十五课
Lesson 15

Nǐ zhù nǎr?
你住哪儿?
Where do you live?

一、 课文 Text

Nǐ jiā yuǎn ma?
A: 你家 远 吗?
Do you live far?

Wǒ jiā hěn yuǎn, Wǒ zhù zài shìjiāo . Nǐ jiā zài nǎr?
B: 我 家 很 远. 我 住 在 市 郊。 你 家 在 哪儿?
I live very far. I live in the city outskirts. Where do you live?

Wǒ zhù zài shìnèi. Hěn jìn.
A: 我 住 在 市 内. 很 近。
I live in the city proper. It's near.

Nǐ zěnme lái xuéxiào?
B: 你 怎 么 来 学 校?
How do you come to school?

Wǒ zuò gōnggòng qìchē lái xuéxiào. Nǐ ne?
A: 我 坐 公 共 汽车来学 校。你呢?
I take the bus to school. How about you?

Wǒ qí mótuōchē.
B: 我 骑摩托 车。
I ride the motorbike.

A: Nǐ de shūbāo zài nǎr? Shì zhège ma?
你 的 书 包 在 哪儿? 是 这 个 吗?
Where is your schoolbag? Is this it?

B: Wǒ de shūbāo zài nàr， bú zài zhèr.
我 的 书 包 在 那儿， 不 在 这儿。
My schoolbag is over there, not here.

84

二.　　生词　New Words

1.	yuǎn	Adj	远	far
2.	zài	Prep	在	in; on; at
3.	zhù	V	住	live
4.	jìn	Adj	近	near
5.	zěnme	Qw	怎么	how
6.	lái	V	来	come
7.	xuéxiào	N	学校	school
8.	zuò	V	坐	sit; ride
9.	qí	V	骑	ride; ride at the back of
10.	gōnggòng qìchē	N	公共汽车	public bus
	gōnggòng	Adj	公共	public
	qìchē	N	汽车	automobile
11.	mótuōchē	N	摩托车	motorbike
	chē	N	车	vehicle
12.	shūbāo	N	书包	schoolbag
13.	nàr	Pr	那儿	there
14.	zhèr	Pr	这儿	here
14.	shìjiāo	N	市郊	city outskirts
15.	shìnèi	N	市内	city proper
	shì	N	市	city

三、注释　Notes

①怎么 is an adverbial used before verbs. It is often used to ask about how an action is done.

For example:　怎么去　　zěnme qù

怎么来　　zěnme lái

怎么做　　zěnme zuò

②在(zài) is used both as verb and as preposition. As preposition, it is used to indicate the position or place where somebody or something is.

For example:　我在家。　　Wǒ zài jiā.　(I'm at home)

书包在这儿。　Shūbāo zài zhèr. (The schoolbag is here).

1.

在(zài)哪儿 (nǎr)	在那儿(nàr)	在这儿(zhèr)	在家 (jiā)
怎么(zěnme)来(lái)	怎么去 (qù)	怎么做(zuò)	怎么吃(chī)
很(hěn)远(yuǎn)	很近(jìn)	很大 (dà)	很小(xiǎo)
坐(zuò)车(chē)	坐汽车(qìchē)	坐火车(huǒchē)	坐飞机(fēijī)

坐什么?

fēijī	huǒchē	mótuōchē	qìchē	(lún) chuán

2.　替换 Substitution:　Substitute the underlined words with the ones in the box.

你妈妈在哪儿?
她在家。

你同学	书店 (shūdiàn)
我的词典	这儿 (zhèr)
妹妹的书包	那儿 (nàr)
你朋友	咖啡店 (kāfēi diàn)

你怎么来学校?
我坐/骑公共汽车来学校。

去	市郊	汽车(qìchē)
去	朋友家	摩托车(mótuōchē)
去	上海	飞机(fēijī)

Exercises : Lesson 15

A. Fill in the blanks:

1) Wǒ zuò _____ lái xuéxiào.

2) Wǒmen zuò _____ qù Běijīng.

3) Tā jiā hěn yuǎn, wǒ jiā hěn _____.

4) Nǐmen zuò _____ qù shìjiāo ma?

5) Tāmen xiǎng zuò _____ lái xuéxiào.

B. Translate the following into Chinese using pinyin.

1) Shanghai is in China.

_____

2) Is your older sister at home?

_____

3) Your pen is here, not there.

_____

4) Is Beijing in the Japan or in China?

_____

C. Translate the following sentences using Chinese characters:

1. Not here.   2. Where is the book?

_____   _____

Writing Exercises 15

住　　zhù　　　　　　live

ノ	亻	亻	仁	仁	住	住						

远　　yuǎn　　　　　far

一	二	元	元	元	远	远						

来　　lái　　　　　　come

一	一	一	平	来	来	来						

在　　zài　　　　　　in; on; at

一	一	才	在	在	在							

Dì shíliù kè　　　　Wǒ xiǎng xué Hànyǔ

第十六课　　　　　我　想　学　汉语

Lesson 16　　　　　I want to learn Chinese.

一、　　课文　　Text

Lín lǎoshī, zǎoshàng hǎo!

A:　林　老师，早　上　好!

Good morning, Teacher Lim.

Bǎoluó, zǎo.

B:　保　罗，早。

Good morning, Paul.

Lín lǎoshī, wǒ xiǎng xué Hànyǔ.

A:　林　老师，我　想　学　汉语。

Teacher Lim, I want to learn Chinese.

Tài hǎo le! Huānyíng nǐ.

B:　太　好　了! 欢　迎　你。

Great! You're welcome to learn.

Lín lǎoshī, nín nǎ tiān yǒu kè?

A:　林　老师，您　哪　天　有　课?

Teacher Lim, what days do you have classes?

Wǒ xīngqī yī hé xīngqī sì yǒu kè.

B:　我　星　期一　和　星　期　四　有　课。

I have classes on Mondays and Thursdays.

Hànyǔ nán ma?

A:　汉　语　难　吗?

Is Chinese difficult?

Hànyǔ bú tài nán.

B: 汉　语　不　太　难。

Chinese is not too difficult.

"Please say it again" Hànyǔ zěnme shuō?

A: "Please say it again" 汉　语　怎　么　说？

How do you say "Please say it again" in Chinese?

"Please say it again" Hànyǔ shì "Qǐng zài shuō yíbiàn ".

B: "Please say it again" 汉　语　是　"请　再　说　　一遍"。

"Please say it again" is "Qǐng zài shuō yíbiàn " in Chinese.

Lǎoshī, qǐng nín zài shuō yíbiàn.

A: 老　师，请　您　再　说　　一遍。

Teacher, please say it again.

二．　　生词　New Words

1. xué	V	学	to learn
2. tài	Adv	太	too
Tài hǎo le	exp	太好了！	That's great!
3. huānyíng	V	欢迎	welcome
4. nǎ tiān	Qw	哪天	which day
tiān	N	天	day; sky
5. kè	N	课	class
6. xīngqī	N	星期	week
7. nán	Adj	难	difficult
8. shuō	V	说	speak; say
9. biàn	mw	遍	for the number of time an action is done

三、 注释 Notes

① How days of the week are expressed:

The seven days of the week are called 星期一 (xīngqīyī -Monday)、星期二(xīngqī 'èr - Tuesday)、星期三 (xīngqīsān - Wednesday)、星期四 (xīngqīsì - Thursday)、星期五 (xīngqīwǔ - Friday)、星期六 (xīngqīliù - Saturday)、and 星期天/日 (xīngqītiān or xīngqī rì - Sunday).

② 太好了 (tài hǎo le) is an expression to show enthusiastic approval.

四、 练习 Drills

菲律宾语 Fēilǜbīn yǔ	马来西亚 Mǎláixīyà 语	印度尼西亚 Yìndùnīxīyà 语	日 Rì 语
一遍 biàn	五遍	几(jǐ) 遍	很多 (duō)遍
太好了 tài hǎo le	太忙(máng) 了	太早(zǎo) 了	太难(nán) 了
星期一 xīngqī yī	星期五(wǔ)	星期三 (sān)	星期六(liù)
再说 (zài shuō)	再见(jiàn)	再来(lái)	再学(xué)
想(xiǎng) 说	想买(mǎi)	想去(qù)	想学
怎么说 (zěnme)	怎么来(lái)	怎么去	怎么做(zuò)

Nǐ xiǎng xué shénme?
你 想 学 什 么?

Wǒ xiǎng xué.......
我 想 学。。。。

西 班 牙 语
Xībānyáyǔ

法 语
Fǎyǔ

日语
Rìyǔ

91

B. 替换（tìhuàn） Substitute the underlined words with the ones in the box:

你想做什么？
我想学汉语。

买 mǎi	中文词典	Zhōngwén cídiǎn
喝 hē	可乐	kělè
吃 chī	蛋糕	dàngāo
去 qù	书店	shūdiàn

汉语难吗？
汉语不太难。

老师 (lǎoshī)	忙 (máng)
她的头发(tóufa)	长(cháng)
你家(jiā)	远(yuǎn)
英语(Yīngyǔ)	容易(róngyì) easy

"Welcome"怎么说？

日语(Rìyǔ)	说 shuō
书店	去 qù
蛋糕(dàngāo)	做 zuò

请再说一遍。

买	一本
吃	一个
住 zhù	一个星期(xīngqī)

你星期几学汉语？
我星期三学汉语。

你	去	朋友家	六
老师	来	学校(xuéxiào)	四
我们	去	星巴克(xīngbākè)	天

Exercises : Lesson 16

Fill in the blanks with the words found in the box:

zěnme 怎么	zài 再	xiǎng 想	tài 太	nán 难	xué 学

1。 Wǒ（   ）mǎi yì běn Zhōngwén shū.

2。 Wǒmen dōu（   ）Hànyǔ。

3。 Tā bàba （   ）m áng le.

4。 Hànyǔ（   ）háishì Yīngyǔ（   ）？

5。 Nǐmen（   ）qù Shànghǎi?

6。 Tā yào（   ）chī yíge dàngāo.

Match Column A with Column B:

A	B
French	Déyǔ
Russian	Fǎyǔ
Nihongo	Éyǔ
German	Yīngyǔ
English	Rìyǔ
Spanish	Xībānyáyǔ

Sentence construction:

1. nán _____

2. zěnme_____

3. tài _____

4. xiǎng _____

Writing Exercises 16

学　　xué　　learn; study

丶	⟍	⟍	⺍	丷	学	学	学					

汉　　Hàn　　Han ethnic group

丶	⟍	氵	汈	汉								

语　　yǔ　　spoken language

丶	讠	讠	讦	评	语	语	语					

英　　yīng　　English

一	十	艹	艹	苎	苫	英	英					

Review Lesson 4
复习课（四）

Qǐngwèn, nǐ zhù nǎr?
A: 请 问，你 住 哪儿？

Wǒ zhù zài shìjiāo. Hěn yuǎn. Nǐ ne?
B: 我 住 在市郊. 很 远。 你 呢？

Wǒ jiā hěn jìn.
A: 我 家很 近。

Nǐ jiā yǒu jǐ kǒu rén?
B: 你家 有 几 口人？

Wǒ jiā yǒu liù kǒu rén. Nǐmen ne?
A: 我 家 有 六 口 人。你 们 呢？

Wǒ jiā yǒu wǔ kǒu rén
B: 我 家 有 五 口 人。

Nǐ xiàng bàba háishì xiàng māma?
A: 你 像 爸爸 还是 像 妈妈？

Wǒ de bízi xiàng bàba, yǎnjing xiàng māma.
B: 我 的鼻子 像 爸爸， 眼睛 像 妈妈。

Nǐ bàba māma dōu gōngzuò ma?
A: 你爸 爸妈 妈 都 工 作 吗？

Duì. Wǒ bàba shì lǎoshī, māma shì hùshi.
B: 对。 我 爸爸 是老师， 妈 妈是 护士。

Nǐ xué Hànyǔ ma?
A: 你 学 汉 语 吗？

Duì. Wǒ xué Hànyǔ.
B: 对。 我 学 汉 语。

Hànyǔ nán ma?
A: 汉 语 难 吗？

Hànyǔ bú tài nán.
B: 汉 语 不 太 难。

认汉字 Recognition of Chinese characters

几	个	工	做	大	小	看	妈
住	远	来	在	学	汉	语	难

短语 Short phrases

你住哪儿？	Nǐ zhù nǎr?	Where do you live?
我家很远。	Wǒ jiā hěn yuǎn.	I live very far.
你家有几口人？	Nǐ jiā yǒu jǐ kǒu rén?	How many are you in the family?
你做什么工作？	Nǐ zuò shénme gōngzuò?	What job do you do?
我爸爸是商人。	Wǒ bàba shì shāngrén.	My dad is a businessman.
你们都学汉语吗？	Nǐmen dōu xué Hànyǔ ma	Do you all study Chinese?
汉语难吗？	Hànyǔ nán ma?	Is Chinese difficult?
不太难。	Bú tài nán。	Not too difficult.
我星期一有课。	Wǒ xīngqīyī yǒu kè.	I have classes on Monday(s).

阅读：

　　我家有我五口人。我爸爸、妈妈、一个妹妹、一个弟弟和我。我们住在市郊，很远。我和妹妹坐公共汽车来学校，弟弟骑摩托车。这是我妹妹的照片，她眼睛很大，很漂亮，像我。

Abbreviation for Grammar Terms

Adj	Adjective
Adv	Adverb
Aux.V	Auxiliary Verb
Conj.	Conjunction
exp	expression
Intj.	Interjection
mw	measure word
mdPrt	modal particle
N	Noun
Nu	numeral
OpV	Optative Verb
PN	Proper Noun
prt	particle
Pr	Pronoun
Prep	Preposition
Pref	Prefix
QPt	Question particle
Qw	Question word
stPrt	structural particle
Suf.	suffix
Tn	Time noun
VO	Verb with object
V	Verb

GLOSSARY

A

again	zài	再	- - -3
also	yě	也	- - -2
and	hé	和	- - -9
to ask	wèn	问	- - -12
aunt	āyí	阿姨	- - -7
automobile	qìchē	汽车	- - -15

B

to be	shì	是	- - -3
big	dà	大	- - -14
book	shū	书	- - -5
bookstore	shūdiàn	书店	- - -9
both; all	dōu	都	- - -2
busy	máng	忙	- - -2
to buy	mǎi	买	- - -9

C

cake	dàngāo	蛋糕	- - -8
to call	jiào	叫	- - -10
city outskirts	shìjiāo	市郊	- - - 15
city proper	shìnèi	市内	- - - 15
class	kè	课	- - -16
classmate	tóngxué	同学	- - -12
coffee	kāfēi	咖啡	- - -8
cola drinks	kělè	可乐	- - -8
come	lái	来	- - -15
conversation	kǒuyǔ	口语	- - -1
correct; right	duì	对	- - -12
country	guó	国	- - -12

D

dad	bàba	爸爸	- - - 1
day	tiān	天	---16
dictionary	cídiǎn	词典	- - -6
difficult	nán	难	- - -16
to do	zuò	做	- - -14
doctor	dàifu	大夫	- - -4

doctor	yīshēng	医生	- - -11
don't mention it	búkèqi	不客气	- - -7
"it's alright" / don't mention it			
	méiguānxi	没关系	- - -11
drink	hē	喝	- - -7

E

early	zǎo	早	- - -3
to eat	chī	吃	- - -8
eight	bā	八	- - - 1
elder brother	gēge	哥哥	- - -2
elder sister	jiějie	姐姐	- - -4
Engl. language	Yīngwén	英文	- - -5
enter	jìn	进	- - -7
evening	wǎnshang	晚上	- - -7
eyes	yǎnjing	眼睛	- - -14

F

family/home	jiā	家	- - -13
far	yuǎn	远	- - -15
five	wǔ	五	- - -2
four	sì	四	- - -4
fried rice	chǎofàn	炒饭	- - -8
friend	péngyou	朋友	- - -7

G

glad; happy	gāoxìng	高兴	- - -11
to go	qù	去	- - -9
good, fine	hǎo	好	- - - 1
(pat.) grandfather	yéye	爷爷	- - -13
(pat.) grandmother	nǎinai	奶奶	- - -13

H

to have	yǒu	有	- - -6
must/ to want	yào	要	- - -2
he; him	tā	他	- - - 1
here	zhèr	这儿	- - -15
honourable; expensive	guì	贵	- - -11
how	zénme	怎么	- - -15
how many	jǐ	几	- - -13

I

I; me	wǒ	我	- - - 1
in; on; at	zài	在	- - -15

L

language	yǔ	语	- - - -6
to learn	xué	学	- - - 16
lesson	kè	课	- - - -2
live	zhù	住	- - -15
look	kàn	看	- - -14

M

mw- compiled obj)	běn	本	- - -6
mw- stick-like obj)	zhī	枝	- - -9
mw -for people	ge	个	- - -13
mw - family member	kǒu	口	- - -13
mw - # of times)	biàn	遍	- - -16
many	duō	多	- - -13
May I ask	qǐngwèn	请问	- - -12
Miss	xiǎojiě	小姐	- - -11
Mr.	xiānsheng	先生	- - -11
mom	māma	妈妈	- - - 1
morning	zǎoshàng	早上	- - -3
motorbike	mótuōchē	摩托车 - - - 15

N

name	míngzi	名字	- - -10
near	jìn	近	- - -15
nine	jiǔ	九	- - -4
no; none	méiyǒu	没有	- - -10
no; not	bù	不	- - -2
noodles	miàntiáo	面条	- - -8
notebook	běnzi	本子	- - -9
nurse	hùshi	护士	- - -14

O

one	yī	一	- - - 1
or	háishì	还是	- - -8
(to form ordinal #)	dì	第	- - - -2

P

(particle)	ma	吗	- - - 1

(modal particle)	ne	呢	- - -2
(modal particle)	ba	吧	- - -9
(poss. particle)	de	的	- - -6
(plural form)	men	们	- - - 1
person	rén	人	- - -12
pen	bǐ	笔	- - -9
photo	zhàopiàn	照片	- - -14
please	qǐng	请	- - -7
pretty	piàoliang	漂亮	- - -14
public bus	gōnggòng qìchē	公共汽车 - - -15
public	gōnggòng	公共	- - -15

R

to recognize	rènshi	认识	- - -11
to resemble	xiàng	像	- - -14
ride; mount	qí	骑	- - - 15

S

school	xuéxiào	学校	- - -15
schoolbag	shūbāo	书包	- - -15
see	jiàn	见	- - -3
see again	zàijiàn	再见	- - -3
seven	qī	七	- - -7
a short while	yíxià	一下	- - -14
sit	zuò	坐	- - -7
sit; ride	zuò	坐	- - -15
six	liù	六	- - -4
small	xiǎo	小	- - -14
sorry	duìbuqǐ	对不起 - - -10
speak; say	shuō	说	- - -16
store	diàn	店	- - -9
student	xuéshēng	学生 - - -11
surname	xìng	姓	- - -10

T

tea	chá	茶	- - -7
teacher	lǎoshī	老师	- - -3
ten	shí	十	- - -3
textboo k	kèběn	课本	- - -6
thanks	xièxie	谢谢	- - -7

that	nà	那	- - -5
That's great!	Tài hǎo le	太好了	- - -16
there	nàr	那儿	- - -15
this	zhè	这	- - -5
three	sān	三	- - -3
together	yíkuàir	一块儿	- - - 9
too	tài	太	- - -16
two	èr/liǎng	二/两	- - -2/9

U

uncle	shūshu	叔叔	- - - 7

V

vehicle	chē	车	- - -15
very	hěn	很	- - - 1

W

to want; think	xiǎng	想	- - -8
to want; to wish	yào	要	- - -8
water	shuǐ	水	- - -8
we; us	wǒmen	我们	- - -3
week	xīngqī	星期	- - -16
welcome	huānyíng	欢迎	- - -16
what	shénme	什么	- - -5
where	nǎr	哪儿	- - - 9
which	nǎ	哪	- - -12
which country	nǎguó	哪国	- - -12
who	shéi(uí)	谁	- - -3
work; job	gōngzuò	工作	- - -14
worker	gōngrén	工人	- - -14

Y

you (honorific)	nín	您	- - -3
you (singular)	nǐ	你	- - - 1
younger brother	dìdi	弟弟	- - -2
younger sister	mèimei	妹妹	- - -4

Proper Nouns

Aimee	Àiměi	爱美	- - -10
China	Zhōngguó	中国	- - -12
Chi. language	Zhōngwén	中文	- - -5
Chi. spoken language	Hànyǔ	汉语	- - - 6
"Chua/Choi" in S.Fujian /Cantonese dialect "Tsai" Wade-Giles transcription	Cài	蔡	- - - 3
David	Dàwèi	大为	- - - 11
Diana	Dàinà	黛娜	- - - 11
English language	Yīngwén	英文	- - - 5
Han ethnic group	Hàn	汉	- - - 6
"Lim/Lam" in S.Fujian/Cantonese dialect	Lín	林	- - - 10
"Lao/Lao" in Chinese dialect	Liú	刘	- - - 11
Manila	Mǎnílā	马尼拉	- - -15
Paul	Bǎoluó	保罗	- - - 10
Philippines	Fēilǜbīn	菲律宾	- - -12
USA	Měiguó	美国	- - -12

Bibliography

40 Lessons for Basic Chinese Course

    Published by East China Normal University Press – 2003 Edition

New Practical Chinese Reader

    Published by Beijing Language University Press – 2004 Edition

Contemporary Chinese

    Published by Sinolingua – 2010 Edition